KB077334

생기부
인문 사회 필독서
50

필독서 시리즈 16

현직 고등학교 선생님들이 직접 읽고 고른

MUST-READ FOR
LIBERAL ARTS UNIVERSITY

생기부 인문사회 필독서 50

주경아 × 정재화 지음

센시오

여는 글 1

'생기부 필독서' 분야별 시리즈를 발간하며

매력적인 생기부를 만드는 가장 효과적인 방법은 단연코 '독서'다

《생기부 필독서 100》이 출간된지도 약 1년이 지났습니다. 생각 이상으로 큰 사랑을 받아 지난 1년을 행복하게 보냈습니다. 그 사랑을 통해 학생과 학부모들이 생기부에 대해 얼마나 많은 관심을 갖고 있는지 알 수 있었습니다.

이러한 사랑은 또 다른 고민의 출발이기도 했습니다. 한 권에 모든 영역의 책을 넣으려 하다 보니 내용을 축약할 수밖에 없었고, 탐구 활동도 좀 더 풍성하게 담았으면 좋겠다는 아쉬움이 남았습니다. 이 책을 어떻게 활용해야 할지에 관한 질문도 많이 받았습니다. 그래서 교사들이 다시 뭉쳐서 영역별로 좀 더 자세히 책을 써보자는 논의를 하게 되었습니다.

지난 책에서도 강조했듯이 생기부 중에서도 '세부능력 및 특기사항(세특)', 특히 '과목별 세부능력 및 특기사항(과세특)'은 학종의 핵심이라고 해도 과언이 아닙니다. 그래서 과세특을 돋보이게 하기 위한 다양한 시도들이 실제 교육 현장에서 이루어지고 있는 것이 사실입니다. 모든 학교 현장에서는 과세특의 중요성을 절감하고, 교사와 학생들이 피나는 노력을 하고 있습니다. 이러한 추세 속에서 돋보이는 과세특을 완성하기 위해 '책을 활용하여 지식을 확장하자'라는 저희의 생각이 큰 호응을 얻었던 것 같습니다.

과세특은 교사의 재량하에 교과 교사가 수업을 통해서 했던 활동들, 수행평가 등과 연계하여 작성하게 됩니다. 가장 이상적인 과세특은 아마도 학생이 교과 수업 내용을 심화하고 확장해 나간 과정이 잘 녹아있는 형태일 것입니다. 이를 위한 다양한 방법 중 가장 효과적이고도 매력적으로 학생들이 자신을 어필할 수 있는 수단이 바로 독서입니다. 교과수업을 통해 생긴 다양한 의문점이나 더 알고 싶었던 내용을 자기주도적인 방법으로 확장하기 위해 관련 책을 찾아 읽고, 지식의 부족한 부분을 보충함으로써 스스로 성장해 나가는 모습을 보여주는 것이 과세특을 위한 가장 완벽한 시나리오라고 생각합니다.

지난 책에 이어 이번 책 역시 학생들이 독서 활동을 과세특과 잘 연결할 수 있도록 돕기 위해 쓰였습니다. 좀 더 깊이 있는 책 선정과 다양한 탐구 활동 소개로 학생들의 창의성 발현을 돕기 위해 노력하였습니다. 전공별이 아닌 인문사회, 과학, 수학으로 나누어 상세 가이드를 출간하는 것은 교과 심화 및 융합이 강조되는 요즘의 흐름을 반영한 것입니다. 지금 학문의 핵심은 '융합'입니다. 기존에 알고 있는 지식을 심화시켜 융합하는 것이 결국 창의성으로 연결됩니다. 이를 위해서는 교과를 심도 있게 이해하고 이를 다양한 교과와 연결 지어 생각해 보는 활동이 중요합니다. 자신의 진로에 한정된 독서 활동만 하는 것은 통합적 사고를 중시하는 지금 시대의 추세에 맞지 않습니다. '확장적 독서'가 꼭 필요한 이유입니다.

이 책에서 추천하는 책들을 참고하되 꼭 명심해야 할 것이 있습니다. 자신의 수준을 고려해야 한다는 점입니다. 무리해서 이해하기 힘든 어려운 책을 무작정 따라 읽는 것은 오히려 역효과를 불러옵니다. 추천 책을 바탕으로 자신의 수준에 맞는 책을 찾고, 이 책에서 제시한 탐구 활동들을 참고하여 심화 활동을 스스로 설계하는 것이 바람직합니다.

학생들이 '독서'로 자신만의 스토리를 확장해 나가고 대입 성공이라는 목표에 도달하는 여정에 이 책이 힘이 되면 좋겠습니다.

나를 빛나게 해주는 무기는 책 속에 있다

세상이 변하고 있습니다. 늘 변하고 있었지만, 지금처럼 변화의 속도가 빠른 적은 없었던 것 같습니다. 인간은 언제나 변화에 적응하고 이를 극복하며 살아왔지만, 역사를 들여다보면 시대의 변곡점마다 변화의 선두에 있던 이들에게 늘 더 큰 기회가 있었습니다. 변화를 읽는 힘을 지닌 사람이 리더의 자리를 차지할 수 있었습니다.

빠른 사회 변화는 결국 본질이 무엇인지 고민하게 합니다. AI에 맞설 인간이 가진 무기가 무엇일지 생각해 보면, 결국 인간의 고유성을 찾는 것이라는 생각에 이르게 됩니다. 그렇기에 지금 그 어느 때보다 인문학이 각광받고 있습니다. 다양한 유혹을 물리치고 책을 읽는 사람들이 주목받고 있는 것입니다.

이러한 경향은 생기부 만들기에도 나타납니다. 생기부의 많은 영역이 축소된 지금, '나를 빛나게 해주는 무기'가 책 속에 있다고 해도 과언이 아닙니다.

인문학은 모든 학문의 기본입니다. 모든 학문이 인문학을 기반으로 한다는 점에서 인문사회 책 읽기는 계열에 상관없이 꼭 챙겨야 할 독서 영역이지요. 인문학에서 파생되어 다양한 분야의 학문이 등장한 것이니, 그 근원을 공부하지 않는 것은 결국 본질을 외면하는 것과 다르지 않습니다.

이공 계열 학생이라고 해서 전공 관련 책들만 나열한다면 생기부에 독보적인 면을 보일 수 없습니다. 전공과 관련하여 인문학적 기반이 되는 책을 찾아 같이 읽을 때만이 깊고 넓은 학문적 시야를 보여줄 수 있습니다.

또한 인문사회 분야의 독서는 학업 역량이나 진로 역량뿐만 아니라 삶에 대한 태도와 가치관을 보여줄 수 있다는 점에서 자연스럽게 자신을 어필할 좋은 기회가 됩니다.

이 책은 학생들이 인문학 책 읽기에 좀 더 쉽게 다가가길 바라는 마음으로 썼습니다. 책을 통해 교과 내용을 심화 발전시켜 가는 것이 진정한 학문의 본질이라고 믿기 때문입니다. 여기에서 추천하는 책이 아니라더라도 이 책에서 제시한 것처럼 교과 학습을 확장하여 책을 통해 좀 더 깊이 있는 탐구를 이어간다면, 분명 매력적인 생기부를 만드는 데 도움이 될 것이라 확신합니다. 여러분의 꿈의 여정에 이 책이 함께 하길 바랍니다.

《생기부 인문사회 필독서 50》 저자

주경아, 정재화

차례

MUST-READ FOR
LIBERAL ARTS UNIVERSITY

인문사회 책 읽기로 채워나가는 생기부

PART 1

MUST-READ FOR
LIBERAL ARTS UNIVERSITY

달라지는 입시 제도, 생기부 관리가 답이다

자주 바뀌는 입시 제도 때문에 어느 장단에 맞춰야 할지 모르겠다고 토로하는 학부모들이 많습니다. 그러나 변화하는 제도 안에서도 확실한 것들이 있습니다. 입시 제도의 큰 흐름과 줄기를 알면 세부적인 작은 변화에 초조해하거나 휘둘리지 않고 차분히 입시를 준비할 수 있습니다.

먼저 대입 전형의 체계를 살펴보도록 하겠습니다. 대입 전형은 크게 수시와 정시로 나뉩니다. 학생부 종합전형과 학생부 교과전형이 속한 '학생부 위주' 전형과 '논술 위주' 전형은 수시에 해당하며 '수능 위주' 전형은 정시에 해당합니다. '실기 · 실적 위주' 전형은 정시와 수시 모두에 해당하는데 대부분 예체능 분야이며 제한적으로 특기자 전형이 포함됩니다.

이들 전형 가운데 이 책에서 중점을 두는 것은 바로 '학생부 종합전형(학종)'입니다. 학종은 입학사정관 등이 참여해 학교생활기록부(입시 전형에서는 '학생부'라는 용어를, 학교 현장에서는 주로 '생기부'라는 용어를 사용합니다)를 종합적으로 평가해 선발하는 전형입니다. 학생부 '교과'전형은 학교생활기록부 교과 성적(내신)을 중심으로 하는 '정량' 평가이고, 학생부 '종합'전형은 내신뿐 아니라 생기부의 모든 영역을 종합적으로 평가하는 '정성' 평가입니다.

대다수 대학에서 학생부 교과전형의 내신 커트라인이 학생부 종합전형 커트라인보다 높게 나타납니다. 학생부 종합전형은 내신 점수 외에 추가로 '어떤 요소'를 가지고 있어야 한다고 해석할 수 있습니다. 입시 지도 경험에 따르면 대다수 학생이 수시에 지원할 수 있는 '여섯 개 카드' 중 두세 개 정도를 학종에 지원합니다. 그 이유는 학생부 교과전형의 경우 정해진 내신 점수만큼만 합격을 보장해 주어서 상향 지원을 하기 어렵지만, 학종은 내신 점수 대비 상향 지원할 수 있는 여지가 있기 때문입니다.

정시를 노리는 학생들도 생기부에서 자유로울 수 없습니다. 최근 정시 비중이 늘어나면서 내신보다 수능에 강점이 있다고 생각하는 학생들이 정시를 입시 전략으로 택하기도 합니다. 하지만 내신 등급과 모의고사(전국연합학력평가)를 비교했을 때 모의고사 등급이 더 뛰어난 학생들은 그리 많지 않습니다. 2024학년도 서울대 정시모집 최초 합격자 중 고 3 재학생의 비율은 38.1%, N수생의 비율은 59.7%로, 합격자의 대부분은 N수생이 차지한 사실만 봐도 현실이 어떤지 잘 알 수 있습니다. 실제로 영재고나 특목고 학생들은 고등학교 3년간 모의고사에 응시하지 않는 경우가 많으며, 대신 다양한 교육과정과 수업 및 학생 활동에 집중하면서 학생부 종합전형을 준비하곤 합니다.

정시를 준비하는 학생들도 생기부를 관리해야 하는 이유는 '2025학년도 서울대학교 신입학생 안내'만 보아도 확실히 알 수 있습니다. 이에 따르면 서울대학교는 정시모집 수능 위주 전형 중 지역균형전형은 학생부 교과 평가를 40%, 일반전형은 2단계에서 학생부 교과 평가를 20% 반영한다고 밝혔습니다. 생기부 내의 교과 이수 현황, 교과 학업성적, 세부능력 및 특기사항(세특)을 반영하여 평가한다는 내용입니다. 세특을 평가한다는 것은 곧 생기부를 적극 참고하겠다는 이야기이므로, 정시에서도 생기부 관리가 중요한 이유가 됩니다.

2024학년도 대입부터 자기소개서가 폐지되어 학생부를 통해 자신을 잘 알리는 일이 더욱 중요해졌습니다. 학생부를 관리하고 만들어내는 일에 집중해야 하는 이유입니다. 학종은 내신과 더불어 교과서 너머의 다양한 지식과 적극적인 학교 활동을 요구합니다. 학종을 준비하면서 하나씩 도전한 것들이 쌓여 여러분을 크게 성장시킬 것입니다. 다양한 활동을 수행하면서 자신의 성향을 파악하고, 어떤 분야에 관심이 있는지 고민하며 의미 있는 진로 탐색의 기회로 삼길 바랍니다.

역량을 드러내는 똑똑한 생기부, 어떻게 만들까?

생기부에는 고교 3년 동안의 활동 전반과 학습 경험, 그리고 성장 과정에 대한 기록이 담겨 있습니다. 대학은 학종에서 지원자를 종합적으로 이해하고 역량을 평가하기 위해 생기부를 중요한 평가 자료로 활용합니다. 그런데 생기부의 모든 항목이 대입에 반영되는 것은 아닙니다. 2024학년도부터 수상 경력과 독서 활동, 동아리 활동 중 자율동아리 활동, 청소년단체 활동, 소논문 기재 등이 대입에 미반영됩니다. 2025년에 고 1이 되는 학생들의 2028학년도 대입 기준은 아직 나오지 않았습니다만 현재의 기조가 유지되리라 예상해 봅니다.

여기서 독서 활동을 기록하는 항목이 대입에 미반영된다

고 했는데, 그렇다면 독서가 중요한 평가 요소에서 빠지게 되는 것일까요? 아닙니다. '독서 활동 상황' 항목은 대입에 반영되지 않지만 '독서 경험'은 반드시 생기부 영역에 기록되어야 합니다. 단순히 책 제목만 들어가선 안 되고 의미 있는 후속 활동이 이뤄져야 합니다. 대학은 세부능력 및 특기사항이나 행동특성 및 종합의견 등에 기록되는 내용을 통해 의미 있는 독서 활동이 이루어졌는지 평가할 수 있습니다. 지적 성취뿐 아니라 학생 본인의 관심 분야에 대한 지적 호기심까지 추론하기 위해 토론과 연구 활동, 글쓰기, 실험 실습, 독서 활동을 자세히 들여다 보며 종합적으로 평가합니다.

교사 추천서와 자기소개서가 폐지된 상황에서, 이제는 생기부 자체가 교사 추천서와 자기소개서의 역할을 대신하게 되었습니다. 그렇기에 생기부에서 대입에 반영되는 항목들의 중요성은 더욱 커졌다고 볼 수 있습니다. 각 항목에 기재되는 내용을 잘 이해해야 생기부 관리를 현명하게 해나갈 수 있습니다.

과세특(과목별 세부능력 및 특기사항)은 과목마다 학업 성취 수준, 수업 중 학생이 보여준 강점과 노력, 성장 과정 등을 교사가 직접 관찰하고 기록한 것을 말합니다. 각 과목당 500자 분량이니, 1년 동안 10개 과목을 배운다면 최대 5,000자 분량에 이르는 내용으로 생기부 대부분을 차지하는 가장 중요한 영역이 됩니다. 여기에는 학생이 교과에 대해 가지는 흥미 정도, 학생이 수업 활동 중에 보여준 태도, 학습 참여도, 학업 역량, 진로 역량 등이 포함됩니다.

과세특은 교과 교사가 교과 시간에 한 활동, 수행평가 등을 바탕으로 학생의 발전 과정을 기록합니다. 이는 생기부에서 많은 분량을 차지할 정도로 가장 중요한 영역으로 꼽힙니다. 학기 중 수업 시간의 활동 내용을 기록하기도 하고, 학기 말에 과제를 제시하고 과제 수행 내용을 기록하기도 합니다. 수업 시간에 보여주는 학생의 수업 태도와 과제 수행 중 보여주는 개인의 역량이 그래서 중요합니다.

개세특(개인별 세부능력 및 특기사항)은 보통 담임 교사가 기록하며 학교마다 특색있게 운영하는 자율적 교육과정이 다양하게 반영됩니다. 예비 신입생을 대상으로 학교마다 교육과정 설명회를 진행하는데, 이때 학교만의 자율적 교육과정이 어떻게 운영되는지 미리 확인해 주안점을 두고 임하는 것이 좋습니다. 주로 교과 간 융합 활동이나 학교에 개설되지 않은 과목과 관련한 활동을 계획해 진행하게 됩니다. 주도적으로 참여해서 의미 있는 개세특을 만들려면 이런 내용에도 관심을 두고 참여해야 합니다.

학업 외에 창체(창의적 체험활동)는 자율 활동, 동아리 활동, 봉사 활동, 진로 활동으로 구성됩니다. 행특(행동특성 및 종합의견)은 담임 교사가 1년 동안 학생의 학업, 인성, 행동 등 성장과 변화를 관찰하여 전반적인 학교생활 태도를 기록하는 항목입니다. 긍정적인 내용이 담기더라도 구체적인 근거와 함께 제시되어야 더 좋은 평가를 받을 수 있습니다. 담임 교사가 아무리 최선을 다해 학생의 창체와 행특을 기록한다 해도 교사의 관찰력에는 한계가 있습니다. 그러므로 학교생활에서 충실한 모습을 보이는 동시에 다양한 활동 보고서를 작성해서 교사에게 제시하면 좋습니다. 구체적인 근거와 자료와 기록이 있다면 교사가 더 균형 있게 평가하고 작성하는 데 도움이 되기 때문입니다.

생기부 각 항목의 내용은 추상적이기보다는 구체적이어야 합니다. 또한 각각이 유기적으로 연결되고 대학에서 요구하는 역량이 잘 드러나도록 하는 것이 중요합니다. 세특, 행특, 자율 활동, 진로 활동, 동아리 활동 등이 개별적으로 산재하는 것보다는 서로 연결된다면 학생을 대변하는 데 더 효과적으로 작용할 것입니다.

특정 진로에 왜 관심을 두게 되었으며 어떤 진로 탐색 활동을 했는지에 관한 내용으로 학생의 '진로 역량'을 보여줄 수 있으며, 관심 분야를 어떻게 자기 주도적으로 학습했는지(학업 태도), 관심 주제를 어떻게 탐구했는지(탐구력), 그 과정에서 어려움을 어떻게 해결했는지(문제 해결력) 등을 통해서 '학업 역량'을 보여줄 수 있습니다. 연구 과정에서의 협업이나 교내 행사에서 보여준 소통 능력으로 '공동체 역량'을 보여줄 수 있으며, 이 과정에서 독서를 활용해 발전 과정과 성장 과정을 자연스럽게 녹여냄으로써 자신만의 생기부를 차별화할 수 있습니다.

특정 주제를 탐구할 때, 주제와 관련한 다양한 책을 읽고 자기 주도적으로 학습하고 이를 다른 활동으로 심화 · 발전시키는 과정을 보여주면 학생의 역량을 잘 드러내면서도 세특과 창체가 잘 연계된 좋은 사례가 됩니다. 책을 통해 어떤 주제에 관심이나 궁금함이 생겼고 해당 분야를 더 알기 위해 어떤 노력을 해왔는지, 책이 어떤 영향을 주었는지 등 과거라면 자기소개서에서 알렸던 부분을 이제는 생기부 내에서 보여줄 수 있습니다.

2025년부터 전면 시행되는 고교학점제 대응법

2025년부터 고교학점제가 전면 시행됩니다. 학생 스스로 자신의 기초 소양과 학력을 바탕으로 진로와 적성에 따라서 과목을 선택하고 이수 기준에 도달한 과목에 대해 학점을 취득하고 누적해서 졸업할 수 있는 제도가 '고교학점제'입니다. 이전까지는 주어진 교육과정에 따라 모든 학생이 거의 비슷한 수업을 들었다면, 앞으로는 학생 각자가 원하는 진로에 따라 원하는 과목을 선택해서 수업을 듣게 됩니다. 획일적인 교육을 지양함으로써 학생의 동기와 흥미를 유발하고 다양성을 고려해 미래 사회에 필요한 역량을 기르기 위한 취지로 마련된 제도입니다. 현재 고등학교 재학생(2015 교육과정)과 진학 예비생(2022 교육과정, 2025년 이후 입학생)에게 적용되는 고교학점제의 수준은 조금 다르지만, 현재도 미리 고교학점제를 도입하여 운영하는 학교가 많습니다.

고교학점제가 본격적으로 시행되는 2025학년도 입학생부터는 고등학교 3년 동안 총 192학점을 학점제로 이수해야 졸업할 수 있습니다. 이에 따라 고등학교 교육과정 편성이 달라지고 교과도 재구조화 됩니다. 학점제로 이수해야 할 과목은 필수 공통과목(84학점), 선택과목(자율 이수, 90학점), 창의적 체험활동(18학점)으로 구성됩니다. 구체적인 교육과정과 과목은 고교학점제 홈페이지(www.hscredit.kr/index.do)를 참고하면 됩니다. 고등학교 교과과정 및 과목이 대학처럼 학생의 진로와 전공 관심사에 따라 세분화되고 좀 더 학생 친화적으로 바뀌는 것이라고 이해하면 될 것입니다.

고등학교 1학년 때는 대개 공통과목 중심으로 교과목이 편성되고, 2학년 때부터 선택과목 중심으로 편성되니 1학년

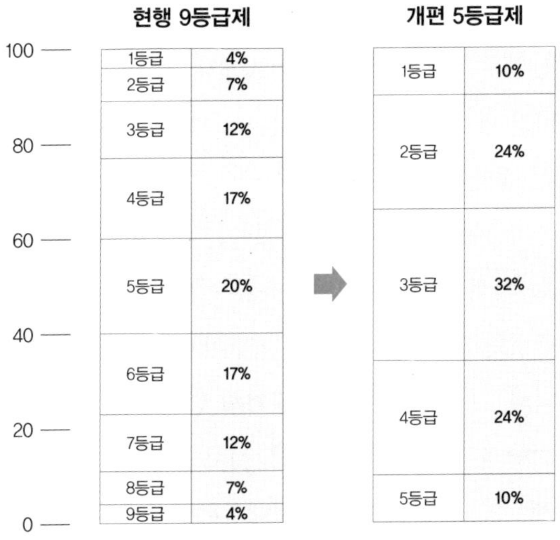

현행 9등급제

등급	비율
1등급	4%
2등급	7%
3등급	12%
4등급	17%
5등급	20%
6등급	17%
7등급	12%
8등급	7%
9등급	4%

개편 5등급제

등급	비율
1등급	10%
2등급	24%
3등급	32%
4등급	24%
5등급	10%

〈고교 내신제 개편〉

동안 나중에 어떤 선택과목을 수강할지 미리 고민해 둘 필요가 있습니다.

2022 개정 교육과정에 따라 2025년도부터는 내신 등급에도 변화가 생깁니다. 절대평가인 성취평가(A, B, C, D, E 등급)와 함께 상대평가인 석차 등급이 기재되는데 현재의 9등급제가 5등급제로 개편됩니다. 단, 사회 · 과학 융합 선택과목 9개와 체육 · 예술 · 과학 탐구 실험 · 교양 과목은 절대평가만 실시합니다. 그래프에서 보듯이 석차 등급이 5등급제로 바뀜에 따라 등급별 비율 역시 달라집니다.

개정안에 따르면 이제 상위 10%까지 1등급을 받을 수 있습니다. 이전 교육과정에서는 4%까지 1등급, 누적 11%까지 2등급이었던 것과 비교하면 차이를 실감할 수 있습니다. 이는 내신 등급의 변별력 자체가 줄어든다고도 볼 수 있으며, 생기부 비중이 더 커질 수밖에 없다는 의미이기도 합니다.

또한 사회와 과학 교과의 융합 선택과목은 탐구와 문제해결 중심의 수업이 내실 있게 이루어지도록 '절대평가'만 하게 됩니다. 그러니 이에 대한 평가의 변별력은 세특(과세특)에서 드러날 수 밖에 없게 됩니다. 석차 등급별 비율이 확대되고 사회 · 과학 과목의 융합 선택과목에서 절대평가가 이루어지는 만큼 세특의 중요성은 시간이 흐를수록 더욱 강조될 수밖에 없습니다.

고교학점제 안착을 위해서 지역 교육청은 학생의 과목 선택권을 최대한 보장하고 원하는 과목을 수강해 듣는 것을 지원하기 위해 여러 노력을 기울이고 있습니다. 진로와 적성에 따른 다양한 과목을 개설하고 소속 학교에 개설되지 않은 과목도 수강할 수 있도록 돕습니다.

공동교육과정, 온라인 학교, 지역 및 대학 연계 프로그램 등 교육청 지원 프로그램(부록 4 참조)을 잘 활용해서 자신이 원하는 과목, 꼭 필요한 과목들을 수강하기를 바랍니다. 자신이 원하는 학과에 진학하는 데 필요한 과목을 이수했는지, 진로 탐색에 얼마나 적극적으로 노력했는지를 알 수 있는 부분이기도 하기 때문입니다.

고교학점제 홈페이지에 있는 과목 선택 가이드북을 참고하여 계열별로 어떤 과목을 선택해 공부하면 좋을지 알아보기를 바랍니다. 가이드북에는 인문 · 사회, 자연과학 및 공학의 다양한 계열 과목들이 소개되어 있습니다.

특정 교과목을 선택하고 싶어도 자신이 속한 학교에는 개설되지 않은 경우도 있을 것입니다. 이때 도움을 받을 수 있는 것이 학교 간 공동교육과정입니다. 학생이 진로와 적성에 따라 희망 과목을 수강할 수 있도록 과목 선택권을 최대한 보장하기 위한 제도입니다. 단위 학교에서 개설이 어려운 소인수 · 심화 과목 등을 학교 간 연계 및 협력을 통하여 운영하는 교육과정인 셈입니다. 거점형, 학교 연합형으로 주로 운영되며 온라인까지 있어 물리적 · 시간적 한계를 극복한 실시간 쌍방향 온라인 수업이 가능합니다.

학교 간 공동교육과정이 갖는 의미는 학교 여건상 미개설된 과목을 수강할 수 있다는 데 그치지 않습니다. 물리학 실험, 국제 정치 등 전문 교과는 대부분 고등학교에서 개설되기 쉽지 않습니다. 이런 교과를 학교 간 공동교육과정을 통해 이수하면 학종 평가 때 진로와 연계된 교과 지식이 풍부해진 점과 적극적으로 진로와 관련된 교과를 이수한 노력 등이 높게 평가받을 수 있습니다. 학교 간 공동교육과정을 추천하는 이유입니다.

각 지역 교육청은 지역 유관기관 및 대학들과 업무 협약을 맺어 다양한 교과목 및 진로 연계 프로그램을 개발하고 있습니다. 지역 사회의 교육 자원을 활용해 진로 심화 탐색을 돕는 교육 프로그램을 제공하는 것이죠. 당분간은 생기부 기록이 가능한 진로 연계 프로그램에 한계가 있겠지만, 앞으로는 더욱 다양하고 폭넓은 선택지가 등장해 학생들이 더 활발히 수강할 수 있게 될 것입니다.

공립 온라인 학교도 속속 늘어나는 추세입니다. 다양한 과목을 시간제 수업으로 제공하는 새로운 형태의 학교입니다. 소인수 과목, 신산업 신기술 분야 과목 등 개별 학교에서는 개설이 어려운 과목을 중심으로 운영하고 정규 일과시간 내를 기본으로 하되 탄력적으로 운영되며, 졸업 이수 단위(학점)에 포함됩니다. 온라인 학교 수업을 수강한 학생의 학적 및 졸업, 학력 인정 등은 학생이 재학 중인 소속 학교에서 이루어집니다. 2023년에는 4개 교육청(대구, 인천, 광주, 경남)에서 온라인 학교를 시범 운영했고 연차적으로 확대될 예정입니다.

우리의 고교학점제와 공립 온라인 학교의 취지는 결국 교육을 공공재 개념으로 확장해 더 많은 이들에게 취향에 맞는 기회를 제공하는 것입니다. '장벽 없는 교육, 관심사에 따른 전문적인 교육'이라는 취지에 맞게 충분히 활용해 보시길 바랍니다.

'독보적인 생기부'를 만드는 독서법은 따로 있다

앞서 살펴보았듯이 대학이 정량적 평가보다 정성적 평가에 더 주력하는 추세 속에 학종의 비중은 더욱 커지고 있습니다. 고교학점제 시행 등 변화하는 입시 제도 속에서도 생기부는 더 중요해지고 있습니다. 이때 학생의 성장 과정을 자연스럽게 보여줄 방법으로 독서만큼 활용도가 높은 것이 없습니다. 책을 통해 나의 관심 주제를 드러내고, 해당 분야를 더 잘 알기 위해 어떤 노력을 했는지, 어떤 책이 영향을 주었는지까지 유기적으로 보여줄 수 있기 때문입니다.

물론 요즘 세대는 '책 읽기'를 낯설어하는 경우도 많습니다. 간단한 검색으로 짧은 시간에 필요한 정보를 주는 인터넷

이 있는데, 굳이 서점이나 도서관까지 가서 책을 구해 읽을 필요성을 못 느낀다는 학생들도 있습니다. 하지만 인터넷 콘텐츠는 비판 없이 받아들이면 곤란한 경우가 왕왕 있습니다. 때로 잘못된 정보나 오류가 다수 제시되기 때문입니다. 생성형 AI 역시 '그럴듯한 거짓말'을 쏟아내기도 한다는 게 전문가들의 분석입니다.

책은 아직까지 믿을 만한 미디어로 굳건히 자리하고 있습니다. 학생은 과제를 제출할 때 조사한 자료의 '출처와 참고문헌'을 명시해야 합니다. 이때 불완전하거나 심지어 오류가 있는 출처를 바탕으로 한다면 과제 자체가 잘못됩니다. 책의 저자는 여러 경험이나 연구를 통해 해당 분야에 전문적 지식과 통찰력을 두루 갖춘 경우가 많으며, 책의 내용 역시 집필 과정이나 출판 전후로 검증받는 절차를 거칩니다. 따라서 책을 통한 자료 수집이 현재로서는 가장 양질의 정보를 얻을 수 있는 방편입니다.

다양한 책 읽기는 학생들의 성장을 돕기도 합니다. 관심 있는 주제 하나에 대해 여러 권의 책을 읽다 보면 다양한 관점에서 주제를 조망하며 폭넓은 이해를 갖출 수 있습니다. 한 책에서는 이해되지 않던 개념이 다른 책으로 풀릴 수도 있습니다. 자신에게 맞는 책을 고르는 안목도 길러집니다.

많은 학교들이 독서 마일리지, 독서 인증제 등을 실시하며 학생들의 독서 활동을 적극 권장합니다. 자기소개서가 폐지되지 않은 카이스트도 자기소개서에 재학 기간 중 자신에게 큰 영향을 준 책을 다섯 권 선정하고 '독서 이력 목록'을 작성하게 합니다. 독서가 학생들의 성장에 있어 얼마나 큰 영향을 미치는지 알기에 독서의 중요성을 높이 평가하는 것입니다.

생기부에 독서 활동 기재 항목은 빠졌으나 의미 있는 독서 활동은 더 필요해졌습니다. 주제에 따른 다양한 책 읽기뿐만 아니라 독서와 연계하여 후속 활동으로 확장까지 필요합니다. 특정 주제 탐구 역량을 보여야 한다면 해당 주제와 관련된 다양한 책을 읽고, 후속 활동을 확장하여 심화 발전하는 과정을 보여주는 것이 학생의 역량을 잘 드러낼 수 있는 좋은 사례가 될 것입니다.

이공계도 인문사회 책을 읽어야 하는 이유

이 책은 인문사회 분야의 책 읽기에 관해 소개합니다. 인문사회 필독서를 이야기하니, 그건 문과 학생용이 아니냐고 되묻는 이들도 있습니다. 하지만 이는 선입견입니다. 흔히 인문사회 책 읽기는 이공계 학생들에게는 해당하지 않고 문과 계열 학생들에게만 필요한 것으로 여겨지지만 실상은 그렇지 않습니다.

인문학은 모든 학문의 기본이고 뿌리입니다. 현대의 학문 역시 인문학으로부터 파생되었기에 모든 계열을 막론하고 중요합니다. 지금 우리 사회에서 책 읽기를 강조하고 있는 것도 어쩌면 등한시되는 인문학에 대한 각성이 그 이유일지 모릅니다.

생기부를 위한 독서를 할 때도 마찬가지입니다. 인문학과의 조화를 꼭 유념해야 합니다. 내가 희망하는 전공이 이공계열이라고 해서 전공 관련 책들만 생기부에 나열한다면 독보적인 면을 보일 수 없습니다. 전공과 관련된 인문학의 뿌리를 찾아 책을 같이 읽어 나갈 때만이 자신의 깊고 넓은 학문적 시야를 확실히 보여줄 수 있습니다.

특히 인문사회 분야의 독서는 학업 역량이나 진로 역량뿐 아니라 삶에 대한 태도와 가치관을 보여줄 수 있습니다. 그렇기에 다양한 분야의 독서를 할 것을 추천합니다. 책을 고를 때도 꼭 필독서에 선정된 책을 읽어야만 하는 것은 아닙니다. 내 삶의 지평이 될 책 한 권을 만나는 것은 실제로 삶에 많은 변화를 일으킬 수 있는 '사건'입니다. 어떤 책이든 배울 것이 있다는 생각으로 읽는 자세가 필요합니다.

이 책에서 소개한 책들 역시 필수적으로 읽어야 하는 것은 아닙니다. 자신에게 필요한 책들을 취사선택하여 읽고 자신의 환경에 맞도록 활용하길 바랍니다. 이 책에 소개된 활용 방법을 참고해 다른 책을 읽더라도 그 방향과 방법을 적용해 볼 수 있습니다.

인문사회 책 고르는 5가지 기준

인문사회 분야의 책을 고를 때에는 다음의 다섯 가지 기준을 참고하면 좋습니다.

첫째, 너무 어렵지 않은 책을 골라야 합니다. 가끔 학생들의 독서 목록을 보면 '과연 이 학생이 이 책을 제대로 읽었을까?'하는 의문이 생길 때가 있습니다. 그럴듯한 독서 경험을 뽐내기 위해 누가 봐도 고등학생 수준을 넘어선 고전이나 대학 전공 서적 수준의 책을 고르는 경우가 있는데, 내용을 물어보면 제대로 답을 하는 경우가 드뭅니다. 이런 경우는 면접에서 책을 제대로 읽지 않았다는 것이 들통나기 마련입니다. 내 수준에 맞는 책을 깊이 있게 읽어나가며 내실 있는 생기부를 만들어 가는 것이 좋습니다.

둘째, 진로와의 연관성에 집착하지 않아도 괜찮습니다. 학생들은 어떻게든 자신의 진로와 연관된 책을 고르려는 경향이 있습니다. 모든 과목의 세특을 진로와 연관 지으려다 보니 내용이 편협하고 억지스러운 경우가 생깁니다. 내가 진학하고자 하는 학과에서 요구하는 역량이 무엇일지 생각해 보고, 그 역량을 잘 보여주는 독서와 활동을 구상해 보는 것이 좋겠습니다.

셋째, 교과 내용, 학교생활과 연결되는 책이 좋습니다. 생기부는 '학교생활'의 경험을 기록한 것이라는 점을 잊지 말아야 합니다. 독서 역시 '학교생활'과 동떨어져서는 안 됩니다. 교과 수업을 들으며 생긴 지적 호기심, 창의적 체험 활동 경험 중에 생긴 질문을 독서와 연관시키는 것이 가장 효과적으로 여러분의 탐구 능력과 학교생활의 충실도를 보여주는 지표라 할 수 있습니다.

넷째, 누구에게나 알려진 필독서는 피하는 것이 좋습니다. 필독서 중에 자신의 학업 역량을 잘 보여줄 수 있는 책이라면 괜찮습니다만, 학생들 사이에 유행하듯이 읽는 책은 나의 개별성과 탐구 역량을 보여주기 어렵습니다. 이 경우 같은 책이라도 특별한 후속 활동으로 다른 학생들과 차별화하거나 나를 잘 보여줄 수 있는 다른 좋은 책을 발굴하여 생기부를 만드는 것이 좋습니다.

다섯째, 주제를 점차 좁혀가는 독서를 하는 것이 좋습니다. 1학년 때에는 인문사회 전반에 걸쳐 여러 주제를 다루고 있는 책을 골라 읽고, 그 후에는 그 독서를 통해 생긴 넓은 시야를 바탕으로 관심 있는 주제를 깊이 있게 탐구하는 것이 좋습니다.

예를 들어, 《오늘부터 나는 세계 시민입니다》를 읽고 세계 시민으로서 인권에 관심을 가지게 되었다면, 그 이후에는 인권과 관련된 책 《나는, 휴먼》과 같은 책을 읽어봅니다. 학년이 올라갈수록 깊이가 깊어지는 독서를 통해 나의 학업 역량과 탐구 역량을 보여줄 수 있습니다.

'세특'과 연결하는 독서 활동

'동기 – 과정 – 결과'

좋은 세특의 흐름을 간략하게 나타내면 이렇습니다. 학생이 어떠한 '동기'로 이러이러한 '과정'을 수행하고, 이런 '결과'를 보여주었다는 흐름입니다. 이것을 '독서'에 초점을 맞추어 생각해 본다면 이렇습니다.

'동기'는 수업 시간에 생긴 호기심이 될 것이고, '과정'은 그 호기심을 해결하기 위한 독서가 될 것입니다. 그리고 그 독서를 통해 자신만의 '결과'를 산출하는 것이 되겠지요. 그

'결과물'로는 어떤 것들이 있을까요? 일반적으로 학생들은 서평을 작성하거나 보고서를 작성하는 방식을 가장 많이 선택합니다.

여기서 한발 더 나아가는 방법도 있습니다. 바로 내가 독서를 통해 얻게 된 지혜를 몸소 행하고 실천하는 모습을 보이는 것입니다. 더 나아가 나의 작은 아이디어로 세상을 조금 더 나아지게 만드는 노력도 좋은 경험이 될 것입니다.

《생기부 인문사회 필독서 50》 활용법

다음 장에서는 생기부에 기록되면 좋을 만한 인문사회 계열 도서 50권을 소개합니다. 이 책에 소개된 책들을 필수적으로 읽어야 하는 것은 아닙니다. 그러나 이 책에 소개된 책, 그리고 전작 《생기부 필독서 100》에 실린 책들은 여러분이 한번쯤 읽어보면 좋을 만한 책들이라 자신합니다.

크게 국어 교과와 사회 교과를 기반으로 문학, 경제, 사회, 법, 예술, 융합 등 기본 영역을 정하여 모든 영역이 골고루 수록될 수 있도록 하였습니다. 또 중고등학생이 읽을 수 있는 수준이면서 교과의 내용과 어우러지는 책을 고르려고 노력했습니다. 같은 영역의 책이라도 여러 차례 협의를 거쳐 중고등학생이 읽기에 어렵지 않은 책으로, 교과 수준에서 다루어지는 내용으로 책을 선별했습니다.

또한 너무 많이 알려져 생기부에 흔히 등장하는 책, 고전 작품을 제외하고 출간 시기가 너무 오래된 책은 배제하고자 하였습니다. 궁극적으로 생기부를 목적으로 하지 않더라도 학생들이 꼭 읽어보았으면 하는 책을 골랐습니다.

인문학은 인간에 대한 이해와 사회 현상에 대한 호기심에서 출발합니다. 교과서와 문제집에서 눈을 떼고 나 자신, 가족, 친구를 바라보세요. 또 내가 살고 있는 지역 사회, 하루 종일 생활하는 학교 현장에 관심을 가져보세요. 어떤 책을 골라야 할지 모르겠다고요? 탐구 내용을 정하기가 힘들다고요? 전 지구적 문제의 원인을 고민하고 해결책까지 그럴듯하게 제시하려 하니 막막하게 느껴지고 힘이 드는 것입니다. 너무 거창하게 생각하지 않아도 됩니다. 여러분 주변에서 충분히 찾을 수 있습니다. 평소에 관심이 없어 눈에 보이지 않았던 것일 뿐입니다.

이와 함께 또 한 가지 중요한 것은 다른 사람의 의견에 의존하지 말고 스스로 궁금한 것을 찾아내야 한다는 점입니다. '왜 그럴까' 생각하는 것이 출발점입니다. 그래야 내가 알고 싶은 영역이 생기고, 그것으로부터 독서의 이유가 생겨납니다.

이 책을 통해 여러분의 지적 호기심을 해소해 줄 책들을 만나고, 탐구 내용을 확장해 나가시길 바랍니다. 이를 시작으로 점차 독서의 범위와 깊이를 더해 보시길 바랍니다. 생기부를 채우기 위해 읽기 시작했으나 그 과정에서 여러분의 시야를 넓히고 마음을 울리는 '인생 책'을 만나게 된다면 더할 나위 없이 좋겠습니다.

PART 2

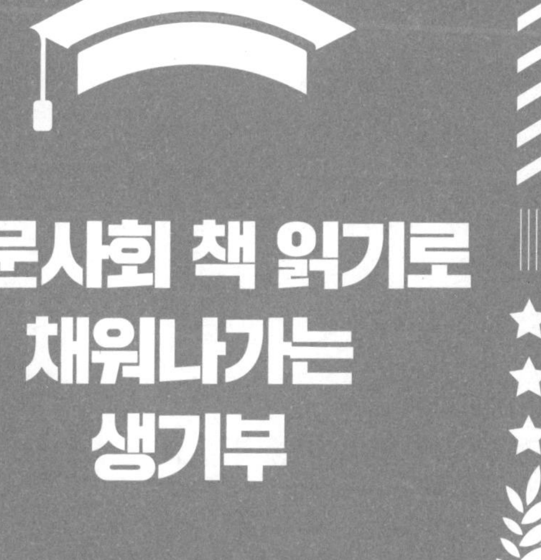

MUST-READ FOR
LIBERAL ARTS UNIVERSITY

BOOK 1

《도둑맞은 집중력》

요한 하리 | 어크로스 | 2023

누군가 우리의 집중력을 훔쳐가고 있다

스마트폰과 같은 디지털 기기의 확산으로 전 세계적으로 집중하는 능력이 붕괴하고 있다고 합니다. 미국의 10대들은 한 가지 일에 65초 이상 집중하지 못하며, 직장인들의 평균 집중 시간도 단 3분에 불과하다고 합니다. 책 《도둑맞은 집중력》에 나오는 이야기입니다. 그 원인은 무엇일까요?

집중하지 못하고 산만해지는 것에 대해 사람들은 대체로 스스로 자제력을 발휘하지 못하는 개인의 실패라고 생각합니다. 실제로 우리는 스마트폰을 사용하며 자제력이 부족하다는 핀잔을 자주 듣습니다. 비단 청소년뿐 아니라 어른들도 마찬가지입니다. 길을 걸을 때나 잠시라도 틈이 나면 스마트폰을 손에서 놓지 못합니다. 일반적으로 사람들은 이를 개인이 의지력을 가지고 자제한다면 극복할 수 있는 문제라고 말합니다. 하지만 이 책의 저자 요한 하리는 현재 우리가 겪고 있는 집중력의 문제가 개인의 문제가 아닌 '시스템의 문제'라고 이야기합니다.

예를 들어 이는 현대 사회 비만율 증가와 유사하다고 합니다. 정크푸드를 중심으로 한 식품 공급 체계와 생활 방식의 변화가 비만율을 높게 만든 것처럼, 집중력 위기의 광범위한 증가도 현대 사회 시스템이 만들어 낸 유행병과 같다는 것입니다. 대표적인 원인으로 저자는 전 세계에서 가장 똑똑한 사람들이 우리의 주의력을 최대한 많이 빼앗으려는 의도로 스마트폰과 그 안의 프로그램을 설계하고 있다고 지적합니다.

실제로 사람들이 스마트폰을 더 오래 들여다볼수록 기업은 돈을 많이 법니다. 이들은 어떻게 하면 사람들이 디지털 기기 안에서 시간과 주의력을 가능한 한 많이 소비하게 할지 고민해 왔으며, 이 과정에서 인간 심리의 취약한 부분을 이용해 왔습니다. 무한 스크롤의 반복 속에서 어느새 우리는 시간을 도둑맞고, 감시 자본주의의 노예가 되어가고 있는 것입니다.

근본적인 변화를 위해서는 기술의 목표를 달리 설정해야

한다고 저자는 말합니다. 이 책에 따르면, 최전선에 있는 테크 기술자들은 지금도 다른 기술을 설계할 수 있습니다. 집중력을 유지해야 하는 사람들을 최대한 존중하고, 개인들의 유의미한 목표 성취를 돕는 방향으로 기술을 설계할 수 있다는 뜻입니다.

이 책은 집중력에 대해 많은 생각을 하게 해줍니다. 나만의 의지로 집중력을 극복하는 것이 생각보다 쉽지 않다는 것을 다양한 근거를 들어 보여줍니다. 테크 기업들의 기술력이 인간의 집중력을 지키기보다는 산만하게 만드는 것을 목표로 발전하고 있다고 꼬집습니다. 그렇다면 어떻게 해야 이 문제를 해결할 수 있을까요? 이 책을 통해 그 해결책을 여러 측면에서 생각해 보는 시간을 가지면 좋겠습니다.

생기부 후속 활동으로 확장하기

- 스마트폰 중독 문제에 기업도 책임이 있다는 견해가 있다. 이를 증명할 만한 근거를 찾아 발표해 보자.

- 스마트폰 중독이 개인의 문제인지, 사회의 문제인지에 관해 토론하고, 이와 관련하여 보고서를 작성해 보자.

- 기술의 발전은 과연 인간의 삶을 풍요롭게 한 것일까? 이에 대해 찬반으로 나누어 토론하고 이와 관련한 보고서를 작성해 보자.

- 부익부 빈익빈 문제는 자본주의에서 나타나는 필수 불가결한 요소 중 하나이고, 지금은 기술 발전이 부익부 빈익빈 문제를 더욱 심화시키고 있다. 이를 해결하기 위해서는 어떠한 노력이 필요할지 자신의 의견을 서술해 보자.

- 유튜브 알고리즘을 참고하여 감시 자본주의에 관해 설명하고, 이에 대해 자신의 생각을 서술해 보자.

- 스마트폰을 사용하는 사용자와 개발하는 테크 기업 모두를 만족시킬 수 있는 방법에는 무엇이 있을지, 윤리적 측면과 기술적 측면에서 찾아 서술해 보자.

♣ 관련 학과

사회학과, 심리학과, 경영학과, 경제학과, 교육학과, 인문학부, 공학 계열

♣ 같이 읽으면 좋은 책

《공부하고 있다는 착각》 (대니얼 T. 윌링햄 | 웅진지식하우스 | 2023)

《집중력 설계자들》 (제이미 크라이너 | 위즈덤하우스 | 2023)

《절제의 기술》 (스벤 브링크만 | 다산초당 | 2020)

《스마트폰과 헤어지는 법》 (캐서린 프라이스 | 갤리온 | 2023)

《인스타 브레인》 (안데르스 한센 | 동양북스 | 2020)

BOOK 2

《언어라는 세계》

석주연 | 곰출판 | 2022

언어가 주는 다채로움의 힘

언어는 사회를 반영합니다. 그렇기에 언어가 가지고 있는 고유의 빛깔은 나라마다 혹은 같은 언어권마다 다를 수 있습니다. 한국어를 모국어로 사용하고 있는 한국어 화자인 우리는 과연 우리말의 빛깔에 대해 얼마나 알고 있을까요? 《언어라는 세계》에서 저자는 너무나 가까이 있어 무감해진, 우리도 몰랐던 우리말의 다채로움을 이야기합니다.

저자는 지금 우리가 사용하는 '오늘'의 우리말은 '어제'의 우리말이 없었다면 가능하지 않았을 것이라 말합니다. 우리가 알고 있는 우리말의 실체는 어제의 말로부터 이어진 것이라는 이야기입니다. 한편으로 우리말이 가지는 빛깔은 낯선이의 시각, 이방인들의 말을 옆에 나란히 놓을 때 더 또렷이 드러날 수 있다고 합니다.

이 책은 우리에게 너무나 익숙한 언어, 공기처럼 주변에 항상 존재하지만 좀처럼 소환되지 않아 무감각해진 우리의 언어를 세심하게 들여다봅니다. 또한 타인의 시각으로 들여다보았을 때 조금 더 선명하게 드러나는 그 빛깔을, 과거의 언어부터 이주민의 언어를 거쳐 인공지능과의 대화에 이르기까지 펼쳐 이야기해 줍니다.

특히 인공지능의 대화에서 나타나는 언어의 문제점을 이야기하는 부분이 흥미롭습니다. 저자는 인공지능의 훈련 데이터 집합이 대상 집단의 다양성을 반영하지 못하는 문제를 지적합니다. 인공지능이 음성언어보다 서류와 같은 문자언어를 중심으로 데이터를 수집 · 활용하기 때문입니다. 이러한 데이터 값을 기반으로 작동하니 인공지능의 대화가 전형성을 피하지 못하고 맥락을 무시하는 문제가 나타난다는 이야기입니다. 저자는 이대로라면 앞으로는 더 심각한 문제가 될 수 있다고 우려합니다.

이 책을 통해 미래의 언어가 나아가야 할 방향에 대해 생각해 보는 시간을 가져도 좋겠습니다. 특히 한국어가 가진 특징과 위상을 이해하고, 인공지능에서 사용되는 언어의 세계에 관해 함께 고민해 보면 좋겠습니다.

생기부 후속 활동으로 확장하기

-음성언어와 문자언어의 차이에 대해 알아보고, 챗GPT 같은 대화형 인공지능 서비스에 사용되는 언어에 음성언어와 문자언어가 어떻게 구성되어야 하는지 생각해 보자.

-외국인에게 소개해 줄 만한 우리말의 아름다움에 대해 알아보고, 소개하는 글을 써보자.

-한국어에 존재하는 다양한 맥락을 챗GPT 같은 대화형 인공지능 서비스에 어떻게 반영할 수 있을지 사례를 조사하여 발표해 보자.

-외국인들이 특히 이해하기 힘들어하는 한국어의 맥락적 사례를 조사해 보고, 이를 어떻게 효과적으로 가르칠 수 있을지 그 방법을 이야기해 보자.

-한국어의 위상에 대해 생각해 보고 인공지능 시대가 도래한다면 한국어는 어떤 역할을 할 수 있을지 자기 생각을 서술해 보자.

-한국어에 함의된 다양한 맥락을 외국인들에게 이해시키기 위해 필요한 것은 무엇인지 자기 생각을 서술해 보자.

♣ 관련 학과

국문학과, 인문학부, 언어학과, 국어교육학과

♣ 같이 읽으면 좋은 책

《한국어로 철학하기》(신우승, 김은정, 이승택 | 메멘토 | 2022)

《언어의 온도》(이기주 | 말글터 | 2016)

《관계의 언어》(문요한 | 더퀘스트 | 2023)

BOOK 3
《맞춤법 절대강자 김남미 교수의 더 맞춤법》

김남미 | 태학사 | 2020

맞춤법에 쉽고 편안하게 다가가는 법

학생들은 국어 문법보다 영어 문법을 오히려 친숙하게 느낍니다. 왜일까요? 영어 문법을 학습으로 더 빨리 접하기 때문입니다. 교과서에 나오는 국어 문법 요소들이 쉽지만은 않은 것이 사실입니다. 늘 쓰는 단어나 문장인데도 그것을 문법적으로 분석해 보는 것은 어렵게 느껴집니다. 국어 문법은 무조건 외우는 것이 능사가 아닙니다. 원리를 이해하고, 규칙을 체득한다면 문법 공부가 적어도 국어 과목을 싫어하게 만드는 방해 요인이 되지는 않을 것입니다.

이 책에는 교과서에서 배우는 음운의 변동 규칙에 따른 표준 발음, 단어의 형성 방법은 물론 학생들이 가장 힘들어하는 부분 중 하나인 사이시옷, 띄어쓰기에 관한 내용이 담겨 있습니다. 단어의 어원과 원리를 어렵지 않게 풀어 설명해 주어 학생들의 국어 문법 공부에 도움이 되는 책입니다. 이 책은 다음 세 가지 방식으로 맞춤법에 쉽게 접근하는 법을 제시합니다.

첫째, 원리로 접근하는 방식입니다. '학여울에서 만나기로 했어'라는 문장 속의 '학여울'은 어떻게 발음해야 할까요? [하겨울]이라고 발음하는 사람은 없을 것입니다. 우리 머릿속에는 [항녀울]로 발음하는 방식이 자연스럽게 내재되어 있습니다. [항녀울]로 발음해야 하는 이유에 대해 저자는 어떠한 문법적인 용어를 쓰지 않고도 누구나 쉽게 'ㄴ 첨가'라는 개념을 이해할 수 있도록 도와줍니다.

둘째, 관계로 접근하는 방식입니다. 과일 '장사'와 과일 '장수' 중 어떤 표현이 옳은 표현일까요? '과일 장수가 왔다'는 옳은 표현이지만, '과일 장사가 왔다'는 틀린 표현입니다. 그런데 '과일 장수가 시작되었다'라는 문장과 '과일 장사가 시작되었다'라는 문장은 어떤가요? 여기서는 과일 '장사'가 옳은 표현입니다. 이와 같이 저자는 단어의 맞고 틀림을 단순히 암기할 것이 아니라 단어 사이의 관계를 파악하고 두 단어가 어떻게 다른지 생각해 보아야 한다고 설명합니다.

셋째, 실생활 속에서 글을 읽고 쓰며 맞춤법을 고민해 보는 방식입니다. '젓가락'과 '숟가락'의 받침이 다른 이유에 대해 생각해 본 적이 있는 사람은 드물 것입니다. 사잇소리를 배운 학생이라면 '젓가락'의 'ㅅ'이 사이시옷임을 눈치챘을 것입니다. 그렇다면 같은 구조를 가진 '숟가락'은 왜 'ㅅ'이 아닌 'ㄷ'을 써야 할까요? 이는 역사적 변화를 통해 이해해 볼 수 있다고 저자는 설명합니다.

우리가 흔히 사용하는 표현 중에 '이건 왜 이렇게 발음해야 하고, 이건 왜 이렇게 써야만 하는 것일까?' 질문을 던져보아도 좋습니다. 학생들이 실생활에서 쓰고 있는 맞춤법에 호기심을 가지고 이를 탐구하는 과정은 매우 자연스러울 뿐만 아니라 탐구 역량을 보여줄 좋은 방법이기도 합니다. 이를 확장하여 다른 단어를 찾아보거나, 실생활 속에서 쓰는 우리말을 돌아보는 시간을 가져도 좋겠습니다. 학생들이 잘못 쓰고 있는 단어나 표현을 찾아, 이를 바로잡을 수 있도록 캠페인을 하는 것도 좋은 확장 방법입니다.

생기부 후속 활동으로 확장하기

- 사람들이 흔히 잘못 사용하는 표현을 모아, 잘못 사용하게 되는 이유에 대해 고찰해 보자.

- 까다로운 맞춤법에 대해 학생들을 대상으로 설문조사를 실시해 보고, 이 자료를 바탕으로 카드뉴스를 만들어 사회관계망 서비스(SNS)에 올리는 등 캠페인 활동을 해보자.

♣ 관련 학과

모든 학과

♣ 같이 읽으면 좋은 책

《우리말 맞춤법 수업》(배상복 | 사람in | 2023)

《끝내주는 맞춤법》(김정선 | 유유 | 2021)

BOOK 4
《타인의 고통에 응답하는 공부》

김승섭 | 동아시아 | 2023

차별받는 이들에 대한 깊은 이해와 따뜻한 통찰

사회 역학을 연구하는 저자의 전작《아픔이 길이 되려면》은 사회 과학 분야의 필독서로 언급되어 이미 많은 학생이 읽어보았을 것입니다. 서울대에 지원하는 학생들이 많이 읽은 책 중 하나로 꼽히기도 했지요.

《아픔이 길이 되려면》은 우리가 미처 생각하지 못했던 소외받는 사람들의 신체적, 정신적 아픔을 사회 역학적 방식으로 풀어 설명하는 책입니다. 저자는 질병의 원인을 한 개인의 차원이 아닌 그 '원인의 원인'인 사회적 요인으로 바라보고 탐구해야 한다고 말합니다. 그리고 그 아픔은 반드시 기록되어야 한다고 역설합니다. 저자가 말한 '원인의 원인'에 대한 연구의 결과로 그 기록을 모은 것이 바로《타인의 고통에 응답하는 공부》라 할 수 있습니다.

제목에서 보듯이 저자가 연구하고 공부하는 목적은 '타인의 고통에 응답하기 위해서'입니다. 이 책에도 역시 차별받는 소수자들에 대한 저자의 깊은 이해와 사회 구조적 문제에 대한 통찰이 담겨 있습니다. 저자는 타인이 겪는 고통을 크게 세 가지 영역으로 나누어 설명합니다.

첫째는 '공기처럼 존재하는 차별'입니다. 여기에는 트랜스젠더, 장애인, 이주노동자 등 우리 사회의 소수자들이 겪는 차별에 관한 이야기가 등장합니다. 특히 우리 인식 속에 막연히 존재하는 노골적인 차별만이 아니라 저자가 연구 과정에서 겪은 일상 속 차별 경험이 매우 인상적입니다. 연구에 참여한 트랜스젠더에게 제공한 기프티콘 사용이 본인의 의사와 무관하게 아웃팅당할 요인이 되고, 장애인에게 제공한 기프티콘은 정작 장애인이 쉽게 이용할 수 없는 선물이 되었던 겁니다. 의식하지 못한 사이 평범한 사람들은 '정상인'으로서 '특권'을 누리고 일상에서 소수자의 삶을 차별하는 상황이 벌어집니다.

둘째는 '존재하지 않는 사람들', 그러니까 아무도 주목하지 않아 존재하지 않는 것처럼 여겨진 이들의 고통입니다. 저자는 쌍용자동차 해고 노동자 연구를 처음 진행했던 2015년 당시 연구자인 자신조차 해고 노동자의 아내를 '고통의 당사자'로 생각하지 못했다고 털어놓습니다. 이러한 성찰은 이후 여성 노동자들의 직장 내 생리 위생과 노동자들의 '오줌권'을 위한 투쟁, 위험한 작업장에서 일하다 죽어가는 하청 비정규직 노동자들의 삶에 관한 공부로 이어집니다.

셋째로 저자는 한국 사회에서 민감한 사안이나 주제에 대해서도 단호한 목소리를 냅니다. HIV에 대한 구시대적 인식, HIV 감염인들이 겪는 낙인 등을 통해 모든 개인을 보호할 수 있는 국가적, 사회적 정책 및 제도의 필요성을 생각해 보게 합니다. 또 '포괄적 차별금지법' 제정을 요구하는 단식 농성 활동가들과의 대담을 통해 차별받는 사람들을 위한 구조적 문제 개선의 필요성을 제기하고, 경제학자와의 인터뷰에서는 차별에 침묵하는 정치권에 일침을 놓습니다.

책 속의 이야기는 저자가 차별받는 이들 가까이에서 직접 보고, 듣고, 경험한 것들을 엮은 것이기에 읽다 보면 장면이 눈앞에 생생하게 그려지기도 합니다. 때로 먼발치에서 바라보기만 하는 이들은 전혀 예상치 못한 문제의식이 톡톡 튀어나와 놀라기도 합니다.

'공부'에 대한 저자의 생각도 인상적입니다. 저자는 '공부가 가진 힘', '인류가 실패와 성공을 반복하며 오랫동안 쌓아 온 지식을 면밀하게 검토하면서 얻게 되는 통찰'이 우리가 더 나은 선택을 할 수 있도록 도울 것이라고 말합니다. '공부'를 대하는 저자의 이 같은 마음가짐은 학생들에게도 큰 울림으로 다가가리라 생각합니다.

공부에 대한 태도, 타인을 대하는 따뜻한 시각과 용기 있는 행동, 사회를 바라보는 통찰력, 이 모두가 이 책 한 권에 녹아 있습니다.

생기부 후속 활동으로 확장하기

- 우리 사회에서 장애인, 성소수자, 이주노동자 등 사회적 약자들이 겪는 차별에 대해 다양한 방법으로 조사해 보자.
- 사회적 약자를 보호하기 위한 정책을 알아보고, 정책이 제대로 작동하고 있는지 조사해 보자.
- 장애인, 성소수자, 이주노동자 등 사회적 약자에 대한 최근의 뉴스를 검색해 보고, 뉴스가 이들을 어떻게 다루고 있는지 뉴스의 관점에 대해 생각해 보자. 더불어 기사에 달린 댓글을 통해 이들에 대한 사람들의 인식이 어떠한지 조사해 보자.
- 사회적 약자에 관한 법과 정책의 변천 과정을 조사해 보자.

♣ 관련 학과

모든 학과

♣ 같이 읽으면 좋은 책

《아픔이 길이 되려면》(김승섭 | 동아시아 | 2017)

BOOK 5
《팬덤의 시대》

마이클 본드 | 어크로스 | 2023

개인과 사회를 움직이는 소속감의 심리학

현대 사회는 팬덤의 시대라고 해도 과언이 아닙니다. 전 세계적으로 어디에서든 함께하는 다양한 팬들이 존재하고 그들은 서로 협력하며 활동합니다. 어마어마한 팬덤 문화가 체계적으로 형성되어 있습니다. 이렇게 어딘가에 소속되어 있다는 생각은 안정감과 함께 삶의 큰 활력을 줍니다. 이 책은 현대 사회의 중요한 축을 차지하고 있는 팬덤 문화에 관해 고찰하는 책입니다.

직접적인 만남을 통해 팬덤이 형성되던 과거와 달리 현대 사회에서는 인터넷이 발달하고 소셜 미디어가 확산되면서 팬들 사이에 즉각적인 소통이 가능해졌습니다. 그래서 팬들 간의 유대감과 영향력은 그 어느 때보다 강해졌습니다. 이러한 팬덤 문화의 변화는 그들에게 더 많은 힘을 실어 주었고, 때로는 혁명적인 역할까지 하기도 합니다. 2018년 미국의 중간선거에서 가수 테일러 스위프트가 젊은이들에게 선거인 등록을 독려하며 영향력 발휘한 일은 그러한 맥락으로 볼 수 있습니다.

그렇다면 이러한 팬덤이 생기게 되는 이유를 어떻게 설명할 수 있을까요? "무언가를 아주 많이 좋아하면, 그것을 공유하고 싶어지고, 사람들에게 다가가서 이야기하고 싶어진다." 조지워싱턴 대학교에서 팬 문화를 연구하는 캐서린 라슨의 이 말은 팬덤에 소속된 이들의 밑바탕의 심리를 들여다보게 합니다.

저자는 인간의 뇌는 서로에게 다가가도록 연결되어 있으며, 이러한 집단주의적 성향은 때로 갈등을 야기하기도 하지만 동시에 매우 큰 만족감을 주는 원천이 된다고 말합니다. 그래서 팬덤은 종족주의의 폐해는 줄이면서도 소속감과 문화를 공유하는 느낌, 의미와 목적의식 갖기, 정신적 복지 향상, 가장 엉뚱한 신념도 진지하게 받아들여진다는 확신, 영웅을 모방하고 그 영웅처럼 옷을 입을 수 있는 자유 등의 즐거움을 선사한다고 이야기합니다.

팬덤과 같은 사회적 연결은 치유의 효과를 낳기도 합니다. 사람들이 자연재해와 같은 불행한 상황에서도 놀라울 정도로 빨리 회복하는 데에는 사회적 연결이 주요한 요소로 작용한다는 것입니다. 아우슈비츠에 수감되었던 유대인 중 이전 수용소에 있던 동료 수감자들과 함께 그곳에 도착한 사람들은 사망 확률이 적어도 20%는 낮았다고 합니다. 사회적 네트워크가 그들에게 사기 진작, 정체성, 추가 배급 등의 이점을 제공한 것입니다.

이처럼 팬덤은 우리 사회에서 다양한 양상으로 나타나고 있습니다. 때로는 주류 문화가 숨 막힌다고 느낄 때 숨 쉴 수 있는 공간이 되기도 합니다. 또한 소속감을 주기도 합니다. 팬들은 모두 함께하자는 문화를 가지고 있어 남들과 다르거나 이상하거나 괴상해도 안전하다고 느끼게 만듭니다.

팬덤은 다양한 경험과 배경을 가진 사람들을 끌어모으기도 합니다. 인간은 언제나 자신에게 의미를 부여해 줄 집단을 찾아 헤매며, 나와 닮은 사람들 속에서 혼자가 아니라는 안정감을 느끼고 집단의 일원이라는 것에 자부심을 느끼기 때문입니다.

우리는 현재 팬덤의 시대에 살고 있으며, 그것을 누리고 있습니다. 따라서 팬덤에 대한 시각을 제대로 정립하고 그 문화를 즐긴다면 주체적인 향유자 될 수 있을 것입니다. 내가 은연중에 느끼고 있는 어떠한 소속감이 팬덤은 아닌지 생각해 보는 것도 좋습니다. 이 책을 통해 팬덤 문화를 제대로 이해하고 올바른 방향으로 나아갈 수 있도록 모색하는 계기가 되길 바랍니다.

생기부 후속 활동으로 확장하기

- 팬클럽에 속하거나 특정 스포츠팀을 응원한 경험이 있다면 그 집단을 선택한 이유를 찾아보고, 내 삶에서 팬덤이 어떠한 역할을 했는지 생각해 보자.
- 팬덤이 가지고 있는 긍정적인 측면과 부정적인 측면을 살펴보고, 팬덤 문화의 올바른 방향을 생각해 보자.
- 바람직한 팬덤의 모습과 왜곡된 팬덤의 모습을 각각 사례로 찾아보고, 그러한 일이 벌어진 이유를 적어보자.
- 이 책은 케이팝 팬덤의 변화 양상을 일부 설명하고 있다. 이를 바탕으로 BTS를 중심으로 하는 케이팝 팬덤의 특징과 그 변화 양상, 현재의 모습을 참고하여 '케이팝 팬덤'의 변화 양상에 대한 보고서를 작성해 보자.

♣ 관련 학과

심리학과, 사회학과, 교육학과, 정치학과

♣ 같이 읽으면 좋은 책

《군중심리》(귀스타브 르 봉 | 현대지성 | 2021)

《익명과 상식에 관하여》(최성환 | 좋은땅 | 2023)

BOOK 6
《군중심리》

귀스타브 르 봉 | 현대지성 | 2021

왜 똑똑한 사람들이 모여 어리석은 선택을 할까

이 책은 군중심리 분석의 고전으로 불립니다. 무려 1895년에 쓰인 책이죠. 하지만 작가가 분석하고 있는 군중심리의 모습은 지금 상황에도 바로 적용할 수 있을 정도로 훌륭합니다. 앞에서 언급한《팬덤의 시대》가 현대판 군중심리에 관한 것이라면, 이 책은 더 보편적으로 적용할 수 있는 군중심리를 다룬 책이라 할 수 있습니다.

개개인이 물려받은 공통 기질은 그들이 속한 민족의 고유한 정신을 이룹니다. 하지만 그들 중 상당수가 군중으로 결집해 행동하는 걸 지켜보면, 한데 모였다는 사실 자체에서 생겨난 새로운 심리적 특성을 확인할 수 있습니다. 그 특성은 민족의 기질과 중첩되지만, 완전히 다른 경우도 적지 않습니다. 이런 조직된 군중은 예부터 민족의 삶에서 중요한 역할을 해왔습니다.

군중이란 일반적으로 한자리에 모인 개개인의 집단을 의미하는데, 그 집단은 각각의 국적이나 직업, 성별과 상관없고 그들을 모이도록 한 우연한 계기와도 무관합니다. 심리학적으로 특정 상황에서 형성되는 개인의 무리는 그 무리를 구성하는 개개인과 무척 다른 특성을 드러낸다고 합니다. 이러한 심리적 군중은 일단 형성되면 일시적이지만 결정적인 힘을 지닙니다. 즉, 심리적 군중에게 가장 두드러진 점은 군중을 구성하는 개인이 누구든 간에 그들은 군중이 되었다는 사실만으로도 일종의 집단 심리를 갖게 된다는 점입니다. 따라서 독립된 개인으로 있을 때 하던 방식과 완전히 다른 식으로 생각하고 지각하고 행동한다고 작가는 말합니다.

역사의 격변에서 문명을 완전히 새롭게 뒤바꾸는 중대한 변화는 사상과 개념, 신념 안에서 일어난다고 볼 수 있습니다. 이 책이 쓰였던 1800년대 후반 역시 기계화 산업화로 인해 사람들이 사상의 변화를 겪던 중대한 시기였습니다. 그동안 서양 문명을 떠받쳐 온 종교적 정치적 사회적 신념이 서

서히 무너지고, 현대 과학과 산업이 이룬 발견과 발명으로 사람들이 생각하고 살아가는 환경이 완전히 달라진 시기였습니다. 이러한 혼란기에 과거의 신념은 점점 무너져가고 있었지만, 군중 세력만은 위세가 커져 바야흐로 '군중의 시대'가 됩니다. 작가가 군중심리에 관심을 가질 수밖에 없었던 배경이 형성된 것이죠.

돌아보면 문명을 세우고 이끌어간 주역은 소수의 귀족이었지만, 지금까지 낡고 오래된 문명이 완전히 멸망하도록 치명타를 가한 주역은 군중이었습니다. 문명을 떠받치던 도덕적 세력이 영향력을 상실하면 군중이 그 문명을 해체해 온 것이 인류의 역사였습니다. 그러므로 군중에 대한 이해는 매우 중요하다고 할 수 있습니다. 군중심리를 알아야 전에는 전혀 이해할 수 없었던 여러 역사적 경제적 현상을 명확히 파악할 수 있기 때문입니다.

저자가 책에 썼던 1900년대 전후 격동기 군중의 모습은 지금 현재를 사는 우리의 삶의 모습과 다르지 않습니다. 그렇기에 우리에게도 시사하는 바가 큽니다. 우리는 주체적 개인으로서 삶을 살고 있지만 언제든 다양한 군중에 속한 삶을 살 수도 있습니다. 따라서 군중심리를 잘 알고 있다면 맹목적으로 따라가는 불상사는 예방할 수 있으리라 생각합니다. 이 책을 통해 군중심리를 이해하고 내 삶에도 적용해 보는 시간을 가지면 좋겠습니다.

생기부 후속 활동으로 확장하기

- 최근 이슈가 된 기사를 선정하여 온라인에서 여론이 형성되는 과정을 살펴보고, 여기에 어떤 군중심리가 작용하고 있는지 살펴보자. 이를 정리해 보고서로 작성해 보자.

- 최근 유행하는 팬덤 정치는 군중심리와 어떤 연관이 있는지 분석해 보자.

- 과거 정치인들의 공약을 살펴보고 그 안에 군중심리로 볼만한 내용이 있는지, 있다면 어떤 내용인지 찾아보자.

- 내가 속한 '군중'은 무엇인지 생각해 보고, 자신의 군중 속 심리를 성찰하는 글쓰기를 해보자.

- 프랑스 혁명을 통해 나타난 군중심리에 대해 구체적으로 조사해 보고, "돌아보면 문명을 세우고 이끌어간 주역은 소수의 귀족이었지만, 지금까지 낡고 오래된 문명이 완전히 멸망하도록 치명타를 가한 주역은 군중이었습니다."라는 작가의 생각을 뒷받침할 만한 근거를 찾아보자.

♣ 관련 학과

심리학과, 사회학과, 교육학과, 인문학부

♣ 같이 읽으면 좋은 책

《팬덤의 시대》(마이클 본드 | 어크로스 | 2023)

《익명과 상식에 관하여》(최성환 | 좋은땅 | 2023)

BOOK 7
《빅터 프랭클의 죽음의 수용소에서》

빅터 프랭클 | 청아출판사 | 2020

당신에게 삶의 의미는 무엇인가요?

이 책은 정신 의학자인 빅터 프랭클이 2차 세계대전 당시 나치 강제 수용소에서 겪은 참혹한 경험을 담담하게 전해줍니다. 저자는 잔인하기로 유명한 아우슈비츠 수용소를 포함하여, 네 군데의 강제 수용소를 거칩니다. 그사이 부모와 아내를 강제 수용소에서 잃는 슬픔을 겪기도 합니다. 그러는 동안에도 저자는 자신을 포함하여 강제 수용소 안의 사람들을 관찰하고, 진찰하며 기록을 남깁니다. 그 기록은 강제 수용소가 얼마나 잔혹하고 비인간적인지에 대해 비판하는 내용만은 아니었습니다. 고통을 겪은 '한 사람'으로서, '정신의학자'로서 '삶에 대한 통찰'을 보여주는 기록이었습니다. 아마도 그랬기에 전 세계적인 베스트셀러가 될 수 있었을 것입니다.

저자는 수용소에 처음 들어갔을 때부터 수용소를 빠져나오기까지의 감정을 3단계로 분류하고, 자신을 포함한 수감자들의 행동과 내면의 변화에 대해 담담히 서술해 나갑니다. 그리고 인간의 존엄성마저 지키기 힘든 극도로 절망적인 상황 속에서 어떤 사람은 삶을 포기하고 또 어떤 사람은 끝까지 살아남는 것을 목격하게 됩니다. 독일군의 손가락 방향에 생사가 갈리고, 조금 전에 이야기를 나누었던 친구가 주검이 되고, 종일 빵 하나로 버텨야 하는 날이 기약 없이 이어지는 상황. 이렇게 매일 당면하는 고통스러운 환경과 시련 속에서도 살아남은 사람은 무엇이 달랐던 걸까요?

저자가 통찰한 바에 따르면, 운명에 따른 시련을 받아들이는 과정에서 자기 삶에 더 깊은 의미를 부여한 이들이 결국에 살아남았습니다. 자신이 겪고 있는 시련을 가치 있는 것으로 받아들이고, 이를 무언가 성취할 기회로 삼았던 것이죠. 이는 저자의 '로고테라피(의미 치료)'의 근간이 되었습니다.

'로고테라피'는 여느 심리학과는 달리 과거를 통해 현재를 진단하거나 삶의 의미를 찾지 않습니다. '미래'에 대한 기대를 통해 삶의 의미를 찾아가도록 돕습니다. 미래에 대한 믿음이 삶의 의지를 불러일으키도록 하는 것이죠. 그것을 저자는 '비극 속에서의 낙관'이라 칭합니다. 비극적인 상황 속에서도 삶에 대해 '네(yes)'라고 대답할 수 있는 태도입니다. 이것이 이 책의 핵심 메시지라 할 수 있습니다.

저자는 사람이 삶의 의미에 도달하는 데는 세 가지 길이 있다고 말합니다. 첫째, 일을 하거나 어떤 행위를 하는 것을 통해서입니다. 둘째, 어떤 것을 경험하거나 어떤 사람을 만나는 것을 통해서입니다. 셋째, 자기 힘으로 바꿀 수 없는 절망적인 운명 앞에서 자기 자신을 초월하는 것을 통해서입니다.

이러한 방식에 따라 우선 나에게 주어진 과업에 몰두하거나 새로운 것을 창작하며 내 삶에 의미를 부여할 수 있습니다. 이는 내가 겪는 경험과 내 주변의 사람들을 통해서도 가능할 것입니다. 사랑이나 우정, 친밀감은 삶의 중요한 동력이 되니까요. 가장 중요한 마지막은, 나의 힘으로 어찌할 수 없는 시련 앞에서 좌절하지 않고 긍정적이고 낙관적인 삶의 자세를 취하는 것입니다.

위 세 가지 중 여러분이 삶의 의미를 찾는 길은 어떤 길인가요? 앞에 놓인 상황을 내 힘으로 바꾸는 것은 매우 어려운 일입니다. 그러나 상황에 대한 태도는 내가 만들어 갈 수 있습니다. 여러분도 눈앞에 시련이 닥치더라도 그 가치를 발견하고, 낙관적인 미래를 그리며 삶의 의미를 찾아 나설 수 있기를 바랍니다. 그러한 태도를 만드는 것은 바로 여러분 자신입니다.

생기부 후속 활동으로 확장하기

- 나를 살게 해주는 '삶의 의미'를 생각해 보자. 미래의 내 모습을 상상해 보고, 그것에 도달하기 위한 삶의 방향을 고민해 보자.

- 극한의 고통과 어려움을 겪었으나 이를 극복하고 살아가는 사람들을 조사해 보고, 그들이 어떠한 마음가짐으로 어려움을 극복했는지 정리해 보자. 과거 위인들의 사례도 좋지만, 내 주변 사람들을 인터뷰해 보는 것도 의미 있을 것이다.

♣ 관련 학과

모든 학과

♣ 같이 읽으면 좋은 책

《무의미의 의미》(빅터 프랭클 | M31 | 2021)

《다시 일어서는 용기》(알프레드 아들러 | 스타북스 | 2021)

BOOK 8

《회복탄력성》

김주환 | 위즈덤하우스 | 2019

나를 아는 것이 세상을 아는 것이다

회복탄력성은 다시 튀어 오르거나 원래 상태로 되돌아온다는 뜻입니다. 심리학에서는 주로 '정신적 저항력'을 의미하는 말로 쓰입니다. 그러니까 회복탄력성은 자신에게 닥치는 온갖 역경과 어려움을 오히려 도약의 발판으로 삼는 힘이라고 할 수 있습니다. 성공은 어려움이나 실패가 없는 상태가 아니라 역경과 시련을 극복해 낸 상태를 의미하지요.

학자들은 회복탄력성을 주로 스트레스나 역경에 대한 정신적인 면역성, 내외적 자원을 효과적으로 활용할 수 있는 능력, 혹은 역경을 성숙한 경험으로 바꾸는 능력 등으로 정의합니다. 좀 더 포괄적으로 말하면 회복탄력성은 곤란에 직면했을 때 이를 극복하고 환경에 적응하여 정신적으로 성장하는 능력이라 할 수 있습니다.

이 책에 등장하는 에미 워너 교수의 카우아이섬 연구는 많은 시사점을 줍니다. 워너 교수가 40년에 걸친 연구를 정리하면서 발견한 회복탄력성의 핵심적인 요인은 결국 '인간관계'였습니다. 어려운 환경 속에서도 꿋꿋이 제대로 성장해 나가는 힘을 발휘한 아이들의 공통점은 예외 없이 그 아이의 입장을 무조건 이해하고 받아 주는 어른이 적어도 그 아이의 인생 중 한 명은 있었다는 사실입니다. 결국 사람은 사랑을 먹고 산다는 것이 카우아이섬 연구의 결론이었습니다. 저자는 건강한 인간관계는 사랑과 존중이라는 두 축에 의해서 유지되며 소통 능력이란 결국 인간관계 속에서 사랑과 존중을 실현해 낼 수 있는 능력이라고 말합니다.

자기 분야에서 뛰어난 업적을 남기는 사람들은 각각 해당 분야에 관련된 지능과 함께 자기이해지능이 높다고 합니다. 자기이해지능과 밀접하게 관련된 것이 바로 감정 조절 능력입니다. 결국 자기이해지능은 자신의 감정 상태에 대해 정확히 인지하는 능력과 자신의 감정 상태를 원하는 방향으로 조절할 수 있는 능력이라고 할 수 있습니다. 이는 원만한 대인

관계로도 이어집니다. 대인 관계 능력은 다른 사람의 기분이나 감정 상태를 잘 파악하여 분위기를 맞추고, 타인의 태도에 영향을 미치는 능력입니다. 이는 조직 안에서 흔히 리더십과 설득력으로도 나타납니다.

최근 기업에서 사람을 뽑을 때 개인이 지닌 업무 능력만이 아니라 긍정적 사고와 대인 관계성을 중요하게 본다고 합니다. 이는 우리 사회가 회복탄력성을 지닌 사람을 원하고 인재로 평가한다는 의미이기도 합니다.

이 책을 통해 자신의 회복탄력성은 어떤지 점검해 보고, 스스로 발전 방향을 모색해 본다면 의미 있는 시간이 될 것입니다.

생기부 후속 활동으로 확장하기

- 나의 인생 계획을 세워 보고, 이를 실현하기 위해서는 어떠한 과정이 필요한지 에세이로 써보자.
- 내 감정을 조절하기 위해서는 어떤 노력을 해야 하는지 생각해 보자.
- 회복탄력성의 관점에서 자신의 삶을 성찰하는 글을 써보자.
- 자신이 최근에 겪었던 회복탄력성의 사례를 찾아보고, 어려움을 어떻게 극복했는지 수필 형식으로 써보자.

- 삶에서 나를 조건 없이 지지해 준 사람은 누구인지 생각해 보고, 내 삶에 어떤 영향을 끼쳤는지 산문 형식으로 써 보자.

♣ 관련 학과

인문학부, 심리학과, 교육학과

♣ 같이 읽으면 좋은 책

《하버드 회복탄력성 수업》(게일 가젤 | 현대지성 | 2021)

《회복탄력성의 힘》(지니 킴 | 빅피시 | 2023)

BOOK 9

《인생의 역사》

신형철 | 난다 | 2022

시에서 인생을 발견하는 기쁨

"'시'는 그다지 대단하지 않은 대단한 예술이다. 시는 행과 연으로 이루어진다. 걸어갈 행, 이어질 연, 글자들이 옆으로 걸어가면서 아래로 쌓여가는 일이 뭐 그리 대단할 게 있겠는가. 그런데 나는 인생의 육성이라는 게 있다면 그게 곧 시라고 믿고 있다. 걸어가면서 쌓여가는 건 인생이기도 하니까. 그런 의미에서 인생도 행과 연으로 이루어지니까." _《인생의 역사》 중에서

이 책은 저자가 2016년 〈한겨레 신문〉에 격주 연재했던 '신형철의 격주시화'를 엮은 것으로, '시'를 통해 인생을 이야기하는 책입니다. 저자는 크게 고통, 사랑, 죽음, 역사, 인생으로 주제를 나누고, 이를 각각 각, 면, 점, 선, 원으로 표현합니다. 각 단어에서 느껴지는 감각을 떠올려 보면 무척 어울리는 조합이 아닌가 생각합니다.

이 책에 담긴 시의 시간적, 공간적 범위는 무한합니다. 우리나라의 고대 가요인 〈공무도하가〉부터 현대 시인인 나희덕, 황동규의 시를 담고 있는가 하면, 고대 그리스의 서정시부터 셰익스피어와 라이너 마리아 릴케의 시, 에밀리 디킨슨, 로버트 프로스트의 시까지, 책 속에 등장하는 시가 시대와 장소를 넘나듭니다.

모든 내용이 좋지만 W.H. 오든의 〈장례식 블루스〉에 대한 저자의 생각이 인상적입니다. 저자는 '나'란 나눌 수 없는 개인이 아니라, 여러 개의 나, 분인들로 존재한다고 말합니다. '분인'은 요즘 말로 하면 '부캐'라고 할까요. 우리는 어떤 사람을 만나느냐에 따라 모습을 달리합니다. 말투도 달라지고, 태도도, 표정도 달라지죠. 우리는 그런 '부캐'의 집합입니다. 사랑하는 사람을 '사랑하는 나'가 존재한다면, 그의 죽음 앞에선 '사랑하는 나' 역시 죽음을 맞게 되는 것과 마찬가지일 것입니다. 그러므로 나와 관계를 맺고 있는 사람의 장례식은 '나'의 장례식이기도 한 것입니다.

로버트 프로스트의 〈가지 않은 길〉에 대한 해석도 흥미롭습니다. 우리는 익히 이 시를 '가지 않은 길'에 대한 고독, 사념에 대한 시라고 알고 있습니다. 저자는 이러한 해석과 충돌하는 구절에 주목합니다. "물론 인적으로 치자면, 지나간 발길들로/ 두 길은 거의 같게 다져져 있었고,// 사람들이 시커멓게 밟지 않은 나뭇잎들이/ 그날 아침 두 길 모두를 한결같이 덮고 있긴 했지만."

두 갈래 길에 차이가 없다는 말이니 '어려운 길을 택한 화자의 고독'이라는 시의 주요 메시지와 감동 요소를 약화시키는 내용으로 보입니다. 이에 대해 저자는 새로운 해석을 우리 앞에 내놓습니다. 인간이라면 누구나 선택의 기로에 섭니다. 어떤 이유에서든 하나의 선택을 하게 되겠죠. 나중에 이 선택을 되돌아보았을 때 어떤 생각을 하게 될까요? 내가 선택한 길을 필연적인 이유가 있는 것으로, 가능하면 숭고하고 아름다운 것으로 미화시키고 싶지 않을까요? 저자는 시인이 무슨 생각으로 이 구절을 넣었을지에 관해 질문을 던지며, 해석은 시를 읽는 독자의 몫으로 남겨둡니다.

이 책은 여러분의 문학적 감수성을 깨우기에 충분합니다. 처음부터 끝까지 한번에 읽으려 하지 않아도 됩니다. 곁에 두고 한 번씩 눈에 띄는 장을 읽어보세요. 빠르게 눈으로 읽기보다 천천히 의미를 음미하며 읽어 내려가는 것이 좋습니다. 문장과 내용이 아름답고 잔잔하여 손으로 필사해 보는 것도 추천합니다. 이 책을 통해 '시' 속에 존재하는 '인생의 육성'을 발견하는 시간이 되기를 바랍니다.

생기부 후속 활동으로 확장하기

- 학교에서 배운 시를 선생님이나 교과서의 해석이 아닌, 나만의 관점으로 해석해 보자.
- 여러 시를 감상하고 나의 경험과 관련된 시를 선정해 보자. 시를 선정한 이유, 선정하게 된 과정, 시와 관련된 나의 경험, 그 경험으로부터 느낀 점 등을 한 편의 글로 정리해 보자.
- 학교 도서관에 있는 다양한 시집을 참고하여, 나만의 '인생의 역사'를 재구성해 보자. 인생의 출발, 성장, 위기, 행복, 죽음 등의 주제를 정하고, 이에 관한 시를 수집해 보자. 이를 친구들과 공유하고 이야기 나누어 보자.

♣ 관련 학과

국문학과

♣ 같이 읽으면 좋은 책

《슬픔을 공부하는 슬픔》(신형철 | 한겨레출판 | 2018)

BOOK 10
《멋진 신세계》

올더스 헉슬리 | 소담출판사 | 2015

모두가 행복한 유토피아는 존재할 수 있을까?

이 책은 1932년 작품으로 미래 사회에 대한 예언서와도 같은 책이라 할 수 있습니다. 과연 소설 속 세계는 제목처럼 '멋진 신세계'의 모습일까요? 어떤 조건을 갖춘 세계가 진정 '멋진 신세계'일까요? 스스로 생각하며 책을 읽어보면 좋겠습니다.

소설 속 세상은 고도로 문명화된 사회입니다. 고층 빌딩이 즐비하고, 사람들의 교통수단은 헬리콥터죠. 이 세상은 철저한 계급 사회입니다. 알파, 베타, 감마, 델타, 엡실론까지 계급이 나뉘어 있습니다. 알파는 권력을 가지고 있는 지식인 계급, 엡실론은 노동자 계급이라 할 수 있습니다.

이 세계에서는 AF, BF라는 용어로 시대를 구분합니다. After Ford, Before Ford의 약자로 F는 바로 자동차의 아버지라 불리는 'Ford'를 의미합니다. 포드의 '대량 생산 체제'의 도입을 기준으로 시대를 나눈 것이지요. 대량 생산 체제는 철저한 분업화로 생산성을 높였고, 물건을 대량 생산하는 것을 넘어 인간까지 대량 생산하기에 이릅니다. 아기는 공장에서 '부화'되고, 태아 때부터 철저히 계급에 맞는 교육을 받습니다. 알파 계급 아이들에게는 충분한 혈액과 산소를 공급하고, 노동자 계급 아이들에게는 장애를 갖지 않을 만큼의 혈액과 산소를 공급합니다. 또 아이가 태어나면 노동자 계급의 아기들 앞에 꽃과 책을 펼쳐 두고 아기가 그것을 만지면 전기 충격을 느끼게 해 아기들에게 꽃과 책에 대한 공포심을 주입합니다. 노동자 계급이 꽃과 책을 가까지 하지 않게 하기 위한 맞춤형 교육인 셈이죠.

이렇게 태어난 사람들은 자신에게 주어진 직업과 사회적 위치에 만족하며 살아갑니다. 그렇게 프로그래밍 되어 태어났기 때문입니다. 간혹 기분이 좋지 않을 때는 '소마'라는 약을 먹습니다. 이 약을 먹는 순간 부정적인 감정은 소거되고, 쾌락을 느끼며 행복감에 취하게 됩니다. 그러니 이 세계 사람들에게는 어떠한 고민도, 갈등도, 좌절도, 슬픔도 없습니다. 정말 제목처럼 '멋진 신세계'라 하지 않을 수가 없습니다. 내가 사회의 일원으로서 살아남기 위해 노력할 필요가 없는 세상. 어떠한 고난도 고통도 없이 늘 행복한 세상. 누구나 꿈꾸는 세상 아닐까요?

소설에서는 '문제적 존재'인 '존'이 등장합니다. '존'은 '멋진 신세계'가 아닌 '야만인 보호구역'에서 태어나 살아온 '야만인'입니다. 그들은 전통 방식대로 아이를 낳고, 삶의 희로애락을 느끼며 살아갑니다. 그는 이 '멋진 신세계'를 보고 무엇을 느꼈을까요? 그의 마지막 선택이 우리에게 어떤 의미로 다가오는지 생각해 봅시다.

이 책은 인간답게 산다는 것이 무엇인지 고민하게 합니다. '자유'와 '선택할 권리'가 없지만 안정된 삶이 보장된 삶을 인간다운 삶이라 할 수 있을까요? 본능적이고 일차원적인 쾌락이 인간의 정서적 만족감을 채워줄 수 있을까요? '행복'은 어디에서 오는 것일까요? 책을 읽으며 하나씩 나만의 답을 찾아가 보시길 바랍니다.

생기부 후속 활동으로 확장하기

- 조지 오웰의 《1984》와 올더스 헉슬리의 《멋진 신세계》는 절대적인 권력으로부터 통제당하는 세계를 그린 점이 비

슷하다. 두 권력은 유사하지만 통제 방식에 차이가 있다. 이 차이점을 비교해 보자.

-《멋진 신세계》 속 사회가 우리에게 주는 메시지를 생각해 보고, 한 편의 글로 써보자.

- 우리 사회가 먼 미래에 어떤 모습일지 예측해 보자. 이를 다른 친구들과 공유하고 토론해 보자.

- 내가 생각하는 '유토피아'는 어떤 모습일까? 그 세계를 만들기 위한 전제 조건, 발전 방향 등에 대해 생각해 보자.

♣ 관련 학과

인문학부, 정치학과, 사회학과, 국어국문학과

♣ 같이 읽으면 좋은 책

《동물 농장》(조지 오웰 | 민음사 | 2001)

《1984》(조지 오웰 | 민음사 | 2003)

BOOK II

《아버지의 해방일지》

정지아 | 창비 | 2022

나는 몰랐던 아버지의 삶을 발견하기

이 소설은 '아버지가 죽었다'라는 문장으로 시작합니다. '아버지께서 돌아가셨다'가 아니라 '죽었다'라니. 아버지의 죽음 앞에 선 딸의 비정함이 느껴지는 문장입니다. 이 책은 아버지의 장례를 치르는 3일간 일어난 이야기를 다루고 있습니다. 장례식장에 아버지의 죽음을 애도하러 찾아온 아버지의 인연들을 통해 주인공이 알지 못했던 아버지의 삶의 궤적을 발견하는 구성으로 이야기가 전개됩니다.

아버지는 '빨치산'이었습니다. '빨치산'이라는 단어를 들어보았나요? '빨치산'은 한국전쟁 전후 공산주의를 지향하며 활동했던 비정규군을 칭하는 단어입니다. '빨갱이'라는 단어로 주로 사용되었죠. 이 단어는 불과 얼마 전만 해도 우리 사회에서 금기시되는 단어였습니다. 이념의 첨예한 대립 속에서 빨치산으로서 주인공 아버지의 삶이 얼마나 굴곡져 있었을지 어렴풋이 짐작할 수 있습니다. 물론 그러한 아버지를 둔 가족들 역시 마찬가지였을 것입니다.

주인공은 장례를 치르는 3일 동안 아버지를 애도하기 위해 찾아온 사람들의 면면을 들여다보게 됩니다. 자랑스러운 형이었지만 형에 대한 원망과 미움으로 세월을 보낸 '작은아버지', 연좌제 때문에 자신의 꿈을 이루지 못한 '큰집 오빠', 장례를 치르는 내내 장례 과정을 돕는 아버지의 동료 '동식 씨', 조선일보만 보는 아버지의 친구 '박 선생', 함께 상주 노릇을 해주는 '큰 언니들', 아버지와 맞담배를 피우며 아버지와 마음을 나눈 '고등학생 아이'까지. 모두 아버지와 인간적인 감정을 나눈 사람들입니다. 이들로 인해 빨치산, 사회주의, 유물론과 같은 이념의 단어들로 듬성듬성 채워진 아버지의 인생이 촘촘히 채워집니다.

소설의 흐름 속에서 느껴지는 인물들의 감정은 마냥 슬프거나 비장하지만은 않습니다. 오히려 밝고 따뜻하게 느껴집니다. 작가의 문체가 그렇고, 아버지가 삶을 사는 방식이 그렇습니다.

소설을 통해 아버지는 공허하게 이념만을 외친 존재가 아닌, 자신이 가진 신념을 몸으로 삶으로 살아낸 한 인간의 모습으로 드러납니다. 이는 주인공이 아버지를 향한 원망과 미움에서 벗어나 아버지를 자연인으로 바라보고 이해하게 되는 과정이기도 합니다. 그렇게 아버지의 죽음은 용서와 화해로 이어집니다. 결국 이 이야기는 '아버지의 해방일지'이기도 하지만 '나의 해방일지'이기도 합니다.

생기부에 반영하기 위해 소설을 읽으면 시대적, 사회문화적 배경에 천착하며 분석적으로 읽는 경향이 생기기도 합니다. 목적이 있는 읽기도 좋으나 때로는 소설의 본질적 가치에 몰입하여 예술로서 작품을 오롯이 느끼는 시간을 보내 보아도 좋겠습니다.

생기부 후속 활동으로 확장하기

- 소설을 감상하고 서평을 작성해 보자.
- 우리 가족만이 가지고 있는 고유한 삶의 여정을 한 편의 소설로 써보자.

♣ 관련 학과

국어국문학과, 인문학부

♣ 같이 읽으면 좋은 책

《알로하, 나의 엄마들》(이금이 | 창비 | 2020)

《끌어안는 소설》(정지아 외 12 | 창비교육 | 2023)

BOOK 12
《소설가 구보 씨의 일일》

박태원 글, 이상 그림 | 소전시가 | 2023

박태원과 이상의 예술적 만남

《소설가 구보 씨의 일일》은 1934년 8월 1일부터 9월 19일까지 〈조선중앙일보〉에 연재된 중편 소설로 일제 치하에서 살아가던 당대 문학인의 무기력한 자의식에 비친 일상의 모습을 형상화한 작품입니다. 이 작품이 연재될 때 시인 이상(李箱)이 '하융'이란 필명으로 삽화를 그린 사실은 모르는 사람이 많습니다. 2023년 소전시가에서 펴낸《소설가 구보 씨의 일일》은 최초로 연재 당시 같이 선보였던 이상의 삽화 29점을 함께 수록하여 두 모더니스트의 글과 그림을 나란히 만날 수 있습니다.

이상은 이 작품을 위해서 총 29개의 삽화를 그렸다고 합니다. 매화 반복되는 표제화 2점과 27점의 본문 삽화입니다. 1화에서 8화까지 반복되는 첫 번째 표제화는 펼쳐진 우산과 접힌 우산의 모습이 담겨 있습니다. 9화부터 30화까지 반복되는 두 번째 표제화는 역동적으로 굵게 가로지르는 소나무와 거기서 뻗어 아래로 처진 가느다란 가지를 한 화면에 담았습니다..

《소설가 구보 씨의 일일》은 고도의 소설적 기교를 사용한 작품으로 평가받고 있습니다. 이 소설은 홀어머니와 함께 살고 있는 미혼의 소설가 구보가 어느 날 집을 나서 서울 거리를 배회하면서 거리의 풍물 및 사람들과 접촉하며 시시각각으로 변화하는 내면 의식을 주로 서술합니다. 그렇지만 그러한 내면 의식은 도중에 우연히 부딪히게 되는 단편적 사실들에 의해 촉발되는 두서없는 생각들일 뿐입니다. 회귀형 산책 여로에 따른 구성을 보이며, 주로 작중 화자의 관찰 내용과 심리를 서술하고 있습니다.

박태원의 초기 소설은 문체, 기법, 주제 등에 있어서 모더니즘 소설의 여러 특징을 지니고 있습니다. 문체와 표현 기교에 있어 과감한 실험적 측면과 함께, 시정 신변의 속물과 풍속 세태를 파노라마식으로 묘사하는 소위 세태소설 측면에서 그렇습니다. 이러한 특징은 그가 예술파 작가임을 말해주는 중요한 요건이기도 합니다. 작품의 이데올로기보다는 문장 그 자체의 예술성을 중시하고, 새로운 소설적 기법을 시도하는 한편, 인물의 내면 의식 묘사를 중시하는 등 강한 실험정신을 보여주고 있지요. 이러한 작품 경향으로 인해 박태원은 이상(李箱)과 함께 1930년대의 대표적인 모더니스트 작가로 꼽힙니다.

이 소설은 1930년대 문학인의 정신 구조를 직접적으로 드러낸다는 점에서 그 당시 문학인 사회를 이해하는 데 중요한 지표를 제공하고 있기도 합니다. 이번에 소전시가에서 새롭게 펴낸《소설가 구보 씨의 일일》은 이상의 삽화가 같이 삽입되어 있고, 뒷부분에는 평론가들의 담론이 함께 수록되어 박태원 소설을 제대로 접할 좋은 기회이자, 문학 작품과 그림의 연관성을 탐구해 보기에도 좋습니다. 시대의 천재로 불리는 두 모더니스트의 합작품이라는 사실만으로도 읽을 가치가 충분합니다.

생기부 후속 활동으로 확장하기

- 이 책의 대담에서는 〈표현, 묘사, 기교〉라는 글을 '이상'이 썼을 것으로 추측하고 있다. 이 글을 찾아 읽어보고, 이 책의 대담자들이 그렇게 주장하는 이유가 무엇인지 자기의 생

각을 서술해 보자.

- 일제 강점기 박태원이 속해 있던 '구인회'라는 예술가 공동체의 특징 및 그들의 활약상을 조사해 보자.

- 작가는 주인공 구보의 시선을 통해 당시를 '황금광 시대'로 표현하고 있다. 이를 한국의 근현대사를 바탕으로 시대상과 연관 지어 서술해 보자.

- 박태원은 자신의 창작기법을 '고현학'이라고 명명하였다. 이는 무엇을 뜻하며, 작품 속에서 어떻게 표현되고 있는지 찾아 박태원의 문체적 특징에 관한 보고서를 작성해 보자.

♣ 관련 학과

국문학과, 인문학부, 예술 계열, 사학과

♣ 같이 읽으면 좋은 책

《천변풍경》(박태원 | 문학과지성사 | 2005)

《날개》(이상 | 문학과지성사 | 2005)

BOOK 13

《철학이 내 손을 잡을 때》

김수영 | 우리학교 | 2023

철학, 어렵지 않아요

《철학이 내 손을 잡을 때》는 제목처럼 독자가 철학에 가까이 다가갈 수 있도록 이끌어주는 책입니다. '아모르 파티', '카르페 디엠', '너 자신을 알라'. 분명 어디선가 들어본 적이 있는 철학자들의 유명한 말입니다. 이 책은 이러한 문장의 의미를 다정하고 친절하게 설명합니다. 용기를 주는 말, 지혜를 주는 말, 존재를 탐구하는 말, 공동체의 힘을 일깨우는 말, 삶의 가치를 깨닫게 하는 말, 생각의 뿌리를 키우는 말이라는 주제로 나누어 어려운 철학적 개념도 쉽게 이해할 수 있도록 안내합니다. 독자도 함께 손을 내밀고 철학의 세계에 들어서기만 하면 됩니다.

일반적으로 철학은 심오하고 관념적이어서 접근하기 어렵다고 여겨집니다. 철학이란 과연 어떤 학문이길래 이렇게 어렵게 느껴지는 것일까요? 저자는 '초월'을 의미하는 '메타(meta)'를 통해 철학을 설명합니다. 우리 앞에 자연 현상이나 사회 현상이 나타나면 그 현상 뒤에 나타나는, 그것들을 넘어서는 '초월적 사유'가 철학이라고요. 그러니 철학은 이론으로서 배워야 하는 대상이 아닌, 스스로 자신의 사유, 즉 생각을 검토하고 정리하여 의미를 부여하는 것이라 할 수 있겠습니다. "철학은 이론이 아니라 활동이다"라는 비트겐슈타인의 말이 이해되는 지점이기도 합니다.

데카르트에 따르면, 모든 것이 의심의 대상이지만 그것을 의심하는 '나 자신'은 의심할 여지가 없습니다. '생각하는 나'는 '그러므로 존재'하는 것이죠. 우리는 생각, 곧 철학을 통해 '나'의 세계를 만들어 갑니다.

우리는 늘 한 번뿐인 인생을 잘 사기 위해 '어떻게 살아야 하는지' 고민합니다. 훌륭한 위인의 삶을 따라가기도 하고, 다른 사람이 살아온 이야기에 귀를 기울이기도 합니다. 그러나 타인의 이야기가 곧바로 나에게 맞는 답이 되기는 어렵습니다. 내가 어떤 답을 얻었다고 해서 그것이 곧 최종적인 답이 되는 것도 아닙니다. 우리는 '나만의 답'을 만들고, 그것을 계속 보완하고 수정하고 검토해야 합니다. 루키우스 세네카의 말처럼 "어떻게 살아야 하는지, 우리는 온 삶을 바쳐서 배워야" 합니다. 이것이 철학을 해야 하는 이유가 될 것입니다.

저자는 시종일관 이해하기 쉬운 언어와 예시를 통해 '철학이란 이렇게 부드럽고 재미있는 거야'라고 말합니다. 이 책을 통해 철학이 우리 가까이에 있다는 것을 아는 계기가 되면 좋겠습니다. 당연한 것을 당연한 것으로 받아들이지 않고, '놀라움의 경험'을 즐기며, 나아가 인생의 주인공이 나 자신임을 알고, 궁극적으로 스스로 나를 돌보며, 나 자신을 알아가는 것. 그것이 우리가 공부해야 할 철학이며 인생의 목적일 것입니다.

생기부 후속 활동으로 확장하기

- 책을 읽고 책 속에서 가장 인상 깊었던 구절을 선정해 보자. 그 구절과 인상 깊은 이유에 대해 친구들과 이야기 나누어 보자.

- 내 인생의 지침이 될 문구를 선정해 보자. 그 문구를 가지고 한 편의 에세이를 작성해 보자.

- 책을 읽고 더 깊이 알고 싶은 철학자나 철학적 개념이 있다면, 다른 자료를 찾아보고 더 깊이 탐구해 보자.

♣ 관련 학과

모든 학과

♣ 같이 읽으면 좋은 책

《소피의 세계》(요슈타인 가아더 | 현암사 | 2015)

《소크라테스 익스프레스》(에릭 와이너 | 어크로스 | 2021)

BOOK 14
《위대한 철학 고전 30권을 1권으로 읽는 책》

이준형 | 빅피시 | 2022

철학 공부의 길잡이가 되어줄 책

요즘 서점의 베스트셀러 목록을 살펴보면 철학 도서가 상위에 올라 있는 것을 볼 수 있습니다. 특히 '삶에 대한 의지'를 말하는 철학자 니체나 쇼펜하우어의 사상에 관한 책이 세간의 관심을 많이 받고 있습니다. 가히 '신드롬'이라 할 만합니다. 다만 베스트셀러에 오른 책들은 대부분 철학자의 원전이 아니라 대중을 대상으로 원전을 새롭게 해석하여 풀이한 책인 것이 특징입니다. 원전을 읽는다면 더할 나위 없이 좋겠지만 입문자들에게 철학 원전 읽기는 쉽지 않을 것입니다.

아무튼 최근 들어 철학 도서가 대중들의 관심을 받는 것은 분명해 보입니다. 그렇다면 철학 도서가 이렇게 붐을 일으킨 이유는 무엇일까요? 아마도 사람들이 '어떻게 살아야 할까?'라는 질문에 대해 치열하게 고민하고 있으며, 철학자의 이야기에서 그 답을 찾으려 하기 때문이 아닐까 싶습니다. 그만큼 현재가 불안하고 혼란스럽다는 방증이기도 하겠지요.

이 책은 철학에 대한 배경지식이 전혀 없는 학생들에게도 도움이 될 철학 입문서라 할 수 있습니다. 막연하고 어렵게만 느껴지는 철학 고전을 한데 모아 철학자들의 사상에 비교적 가볍게 접근할 수 있는 것이 장점입니다.

이 책은 역사에 길이 남을 철학 명저 30권을 소개합니다. 삶의 문제에 맞서 사유하고, 더 나은 세상을 위해 행동하며, 그 답을 찾아 기록한 철학자들의 흔적이지요. 니체, 쇼펜하우어뿐만 아니라 한나 아렌트, 피터 싱어, 존 롤스, 데카르트, 마키아벨리, 애덤 스미스 등 유수 철학자들의 대표작을 만나볼 수 있습니다. 이들의 대표적인 저서를 소개하며 철학자들의 생애, 시대적 배경과 사상적 배경, 그 저서가 가져온 영향까지 설명하고 이해를 돕습니다. 더불어 '함께 읽으면 좋은 책'도 제공하고 있어 독서 확장에도 도움을 줍니다.

이 책을 통해 막연하게만 느꼈던 철학 분야가 손에 잡히고, 자신만의 구체적인 철학 지도를 만들어 볼 수 있으면 좋겠습니다. 모든 장을 다 읽을 필요는 없습니다. 자신이 관심을 가지고 있는, 또는 어디선가 많이 들어보고 익숙한 철학자에 해당하는 장을 먼저 펼쳐봅시다. 철학이 한결 가까이 다가오는 것을 느낄 수 있을 것입니다. 내가 현재 고민하는 문제에 대해 어떤 철학자가 답을 해줄 수 있을지 궁금하다면, 이 책이 안내자 역할을 해줄 것입니다.

생기부 후속 활동으로 확장하기

- 이 책을 읽으며 인상적인 철학자의 사상에 대해 다양한 자료와 매체를 이용하여 정리하고, 이에 관한 보고서를 작성해 보자.
- 나에게 영감을 주는 철학자의 사상을 바탕으로 에세이를 작성해 보자.
- 철학이 우리가 사는 세상에 어떠한 영향을 미치는지 역사 속에서 그 사례를 찾아보고, 철학의 효용성에 대해 토론해 보자.
- 인문학을 경시하는 최근 사회 풍토에 대해 살펴보고, 이러한 현상이 생겨난 이유를 탐구해 보자.

♣ 관련 학과

인문학부, 철학과

♣ 같이 읽으면 좋은 책

《세계 철학 필독서 50》(톰 버틀러 보던 | 센시오 | 2022)

《철학은 어떻게 삶의 무기가 되는가》(야마구치 슈 | 다산초당 | 2019)

BOOK 15

《더 나은 세상》

피터 싱어 | 예문아카이브 | 2017

더 나은 세상을 위한 질문에 철학자가 답하다

현대 사회는 매우 빠른 속도로 발전하고 있습니다. 하지만 예전보다 '더 나은 세상'이 되었느냐는 질문에 쉽게 '그렇다'라고 답하기는 어려워 보입니다. 여전히 세상에는 불평등과 차별이 존재하고, 전통적 윤리의 문제를 넘어 새로운 윤리적 딜레마도 계속 불거지고 있습니다. 그럼에도 '더 나은 세상'에 대한 갈망은 누구에게나 존재합니다. 이 책은 더 나은 세상에 대한 우리의 윤리적, 철학적 갈증을 해소해 줄 단비 같은 책입니다.

이 책에서 저자는 인간과 도덕, 동물과 윤리, 생명과 권리, 생명윤리와 공공의료, 섹스와 젠더, 선행과 기부, 행복과 돈, 국가와 정치, 인류와 미래, 과학과 기술 등 큰 주제를 바탕으로 현대 사회에서 첨예한 쟁점으로 떠오르는 83가지의 질문에 대해 생각을 풀어냅니다. 현대 실천윤리학의 거장인 저자가 신문에 기고한 칼럼 형식의 글로, 각 글의 길이는 길지 않으나 그렇다고 그 내용까지 가벼운 것은 아닙니다. 오히려 핵심이 분명하게 드러나 독자 입장에서 그 의미가 더욱 명료하게 다가옵니다.

이 책에서 다루는 질문은 '도덕은 진화하고 있는가?', '인간의 이익이 동물보다 우선인가?', '죽음은 개인의 권리인가?', '자발적 장기 매매는 정당한가?', '생물학적 성별이 그렇게 중요한가?', '세계 빈곤 해결은 누구의 몫인가?', '난민 문제를 어떻게 해결할 것인가?', '로봇이 의식을 가지면 어떻게 되는가?' 등으로, 우리 사회가 안고 있는 현실적인 문제들을 다룹니다. 현실에 발 딛고 사는 우리로서는 이러한 주제가 반가우면서도 무거울 수밖에 없습니다.

저자는 서문에서 윤리적 판단은 전적으로 주관적인 것이 아니며, 찬성이나 반대에 대한 직관적인 반응의 문제가 아니라고 설명합니다. 윤리적 판단이 주관적이라면 이러한 논의를 할 필요도 없다는 것이죠. 저자는 주관이나 직관이 아닌

'이성의 능력'을 활용해야 한다고 말합니다. 이에 이 책은 주관적 판단을 경계하고, 쟁점에 대한 찬반 양분 방식으로 결론을 제시하는 것이 아닌 '객관적 윤리'를 통해 최선의 결론을 내린다는 의지를 분명히 합니다.

'동물은 인간에게 어떤 존재인가'라는 장을 살펴봅시다. 2016년 뉴욕 퀸즈에서 소가 도살장을 탈출한 사건이 벌어집니다. 저자는 언론사가 이 사건을 다루는 표현 방식에 초점을 맞춥니다. 사건을 보도한 언론사들이 'Cow that'이 아닌 'Cow who'라는 표현을 쓴 것입니다. 보통은 동물에게 that을 사용하지만, that이 아닌 who를 사용하는 언론사의 표현 방식이 점차 늘어나고 있다는 사실을 발견한 겁니다.

동물에 대한 인식의 변화가 일상적인 언어 표현에 반영되는 방향으로 나아가며, 저자는 이것이 점차 동물에 대한 사회적 인식을 변화시키는 계기가 될 것이라고 이야기합니다. 동물권의 문제를 언어와 인식의 관계에 대한 통찰로 내린 결론이 인상적입니다. 이처럼 각 주제에 대한 답변이 우리가 일반적으로 생각하는 범위를 벗어나 흘러가는 것이 흥미롭게 다가옵니다.

이 책에 등장하는 쟁점은 토론 주제로도 매우 유의미합니다. 각 주제에 대한 저자의 생각을 바탕으로 학교에서 이를 심화, 확장하여 토론 활동을 해보는 것도 좋겠습니다.

생기부 후속 활동으로 확장하기

- 책에 등장하는 주제 중 자신에게 의미 있는 것을 골라 친구들과 함께 토론하고, 그 결과를 보고서로 작성해 보자.

- 지자의 생각이 절대적으로 옳은 것은 아니다. 저자의 생각에 동의할 수 없는 부분에 대해 논리적으로 반박하는 글을 작성해 보자.

- 현재 우리나라에서 쟁점이 되는 사회 문제 중 하나를 선택하여, 윤리적으로 고찰해 보자.

♣ 관련 학과

인문학부, 철학과

♣ 같이 읽으면 좋은 책

《동물 해방》(피터 싱어 | 연암서가 | 2012)

《생각의 탄생》(로버트 루트번스타인, 미셸 루트번스타인 | 에코의 서재 | 2007)

BOOK 16

《착한 소셜미디어는 없다》

조현수 | 리마인드 | 2023

나만의 소셜 미디어 활용법

현대 사회는 소셜 미디어에 자기 자신을 마음껏 드러내는 시대입니다. 특히 요즘 청소년들의 주된 소통 창구는 '틱톡'이나 '인스타그램'과 같은 사회관계망 서비스(SNS) 입니다. 그들의 문화에 소셜 미디어가 얼마나 중요한지 알 수 있는 대목입니다. 이들은 그 속에서 또 다른 나를 만들어 갑니다. 소셜 미디어를 통한 소통에 큰 행복을 느끼는 세대가 바로 이들일 겁니다. 하지만 여기에도 적절한 거리 유지가 필요합니다. 조금만 긴장의 끈을 놓아도 소셜 미디어가 언제든지 개인의 삶을 침범할 수 있는 것이 현실이기 때문입니다.

자본주의 사회는 철저하게 돈의 가치를 우선합니다. 소셜 미디어를 서비스하는 기업은 수익을 위해 어떻게든 사용자를 모으고, 사용자가 오랫동안 그 안에 머물게 하기 위해 안간힘을 씁니다. 이를 위해 기업은 다양한 기술을 가지고 인간의 두뇌와 심리를 조종합니다. 사실 이런 일을 무조건 나쁘다고 할 수는 없습니다. 왜냐하면 그들이 수익을 위해 애쓸수록 사용자는 더 편리하고 재미있게 소셜 미디어를 이용할 수 있기 때문입니다. 어쩌면 기술의 수혜자이기도 합니다.

이 책은 소셜 미디어가 우리의 삶과 민주주의에 어떤 부정적인 영향을 미치는지 보여주고, 어떻게 하면 이러한 위기에 대처할 수 있을지 모색합니다. 저자는 사용자들이 소셜 미디어를 안전하고 건강하게 이용하는 법을 익혀야 하며, 적절한 긴장 속에서 온갖 유혹에도 단단히 버틸 수 있어야 한다고 말합니다. 이를 위해서는 소셜 미디어의 명암을 분명히 인식하는 것이 중요합니다.

우리는 소셜 미디어에 끊임없이 일상을 공유합니다. 내 일상을 보고 누군가가 '좋아요'를 누르고 공감해 주면 이를 통해 존재감을 확인하고, 때론 자존감이 높아지기도 합니다. 소셜 미디어는 이렇게 긍정적인 공간이 될 수 있습니다. 하지만 부정적인 면도 간과할 수 없습니다. 때로는 자신의 거짓된 이미지를 타인에게 과시하는 용도로도 사용하기도 합니다. '익명성'을 전제로 한 온라인에서는 누구나 자신의 모습을 솔직하게 드러내지 않을 수 있기 때문입니다.

교통사고 현장에 가장 먼저 달려가는 '레커차'처럼 온라인에서 이슈가 생길 때마다 재빨리 짜깁기한 영상이나 게시물을 만들어 조회수를 올리는 이들을 '사이버 레커'라고 부릅니다. 이들은 온라인상에 어떤 이슈가 생길 때마다 빠르게 게시물을 업로드합니다. 사실이 확인되지 않은 내용을 짜깁기하여 유포하기도 하고, 내용과 전혀 관련이 없는 자극적인 섬네일을 통해 사용자의 '클릭'을 유도하기도 합니다. 거짓 정보로 사람들을 선동하고 민주주의를 위협하는 소셜 미디어의 대표적 폐해입니다.

어느새 소셜 미디어가 우리 삶의 많은 부분을 차지하게 되었습니다. 이럴 때일수록 적절히 활용하고 통제할 수 있는 미디어 리터러시 능력이 무엇보다 중요합니다. 이 책을 통해 소셜 미디어의 폐해에 경각심을 가지고, 자신만의 소셜 미디어 활용법을 정립해 보면 좋겠습니다.

생기부 후속 활동으로 확장하기

- 가짜뉴스를 막을 방법에 대해 알아보고, 나만의 실천 방법을 찾아보자.

- 가짜뉴스로 인해 피해를 본 공인의 사례를 찾아보고, 가짜뉴스가 퍼진 양상과 끼친 영향에 대해 구체적으로 알아보자.

- 소셜 미디어가 우리 삶에 어떠한 영향을 주었는지 구체적으로 살펴보고, 긍정적인 측면과 부정적인 측면을 모두 찾아 정리해 보자.

- 나의 삶에서 소셜 미디어가 차지하는 비중이 어느 정도인지 스스로 성찰해 보고, 적절한 소셜 미디어 사용법에 대해 생각해 보자.

- 다양한 미디어의 종류와 그 기능에 대해 알아보고, 주체적으로 미디어를 활용하려면 어떻게 해야 하는지 그 방안을 정리해 보자.

- 최근 문제가 되는 가짜뉴스를 막기 위해 '처벌 강화', '책임 강화', '역량 강화' 측면에서 구체적인 해결 방법을 찾아 정리해 보자.

- 알고리즘의 장단점을 분석하고, 올바른 미디어 이용 방법을 주제로 토론해 보자.

♣ 관련 학과

모든 계열, 사회학부, 언론정보학부

♣ 같이 읽으면 좋은 책

《랜선 사회》(에이미 S. 브루크먼 | 한빛미디어 | 2023)

《욕 대신 말》(도원영, 장선우, 선평원, 서한솔 | 마리북스 | 2022)

《미디어 리터러시》(이현주, 이현옥 | 북스타 | 2023)

BOOK 17
《청소년을 위한 광고 에세이》

정상수 | 해냄 | 2022

광고로 세상을 읽는 지혜

"우리가 호흡하는 공기는 산소와 질소, 그리고 광고로 되어 있다." 이 책은 프랑스 언론인 로베르 궤링의 말로 시작합니다. 광고가 공기처럼 우리를 감싸고 있으며 매 순간 숨을 쉬는 것처럼 쉬지 않고 광고를 접하고 있다는 사실을 빗대어 표현한 말일 겁니다.

이 책은 마치 광고 백과사전 같습니다. 광고에 관한 모든 것을 담고 있기 때문입니다. 광고가 어떻게 시작됐는지, 광고를 도대체 왜 하는지, 광고는 마케팅과 무엇이 다른지, 광고인들은 어떻게 기발한 아이디어를 내는지 등 광고에 대해 궁금한 점을 쉽고 구체적으로 정리하고 있습니다. 또한 요즘 인기 많은 인플루언서 광고에는 어떤 것들이 있는지, 혹시 윤리적으로 문제가 된 광고는 없는지, 만일 광고 쪽으로 진출한다면 전망이 어떨지 등 현장성 있는 질문과 답까지 풍부하게 담겨 있습니다. 그렇기에 광고에 관심 있는 청소년들에게 추천하고 싶은 책이기도 합니다.

광고의 목적은 설득입니다. 광고가 멋진 모습만 보여주는 이유도 광고의 목적이 '판매'이기 때문입니다. 사전적인 정의로 보면 광고는 기업이 상품이나 서비스에 대한 정보를 여러 매체를 통해서 소비자에게 널리 알리는 의도적 활동입니다. 실제로 광고는 주로 기업이 합니다. 제품이나 서비스를 소비자에게 알리는 데 광고가 가장 효과적이기 때문입니다. 광고는 브랜드 이미지를 높여주기도 합니다. 하지만 광고는 기업 활동에만 국한되지 않습니다.

본질적으로 광고는 나의 아이디어를 상대에게 전해 동의를 구하는 일입니다. 꼭 제품이나 서비스 광고를 하지 않더라도 광고를 알면 조금 더 부드럽고 효과적으로 상대에게 자신의 메시지를 전달할 수 있습니다. 또 자기를 드러내야 하는 순간에 유용한 아이디어를 얻을 수 있습니다.

이 책은 광고에 관한 전반적인 이야기를 쉽고 풍부하게

다루고 있습니다. 광고 분야에 관심을 가진 학생이라면 꼭 읽어보길 권합니다. 또한 각 장마다 토론할 거리와 활동을 제시하고 있어서 다양하게 활용할 수 있는 장점이 있습니다. 많은 청소년이 이 책을 통해 광고에 대한 기본 지식을 습득하고, 사고를 확장할 수 있으면 좋겠습니다.

생기부 후속 활동으로 확장하기

- 최근에 본 광고 중 기억에 남는 광고를 선정해 보자. 광고를 본 후 해당 제품이나 서비스를 구매하고 싶다는 생각이 들었다면 어떤 점 때문에 그랬는지 이야기해 보자.

- 요즘은 인플루언서의 사회관계망 서비스(SNS)가 광고 대표 주자로 자리 잡았다. 이들이 광고할 때의 장단점을 분석해 보고, 이러한 현상이 사회에 어떤 영향을 끼치는지 토론해 보자.

- 기업이 인플루언서를 통해 광고할 때 얻을 수 있는 장점은 무엇인지 생각해 보고, 이들을 마케팅에 이용한 사례를 찾아 조사해 보자.

- 자신을 홍보하는 카피 문구를 만들어 보고, 그렇게 만든 이유를 설명해 보자.

- 자신이 즐겨 찾는 해시태그가 무엇인지 생각해 보고, 그 이유를 설명해 보자.

- 최근 주변에서 불매운동이 일어난 사례를 조사해 보고, 불매운동이 일어난 이유를 분석하는 글을 써보자.

- 내가 좋아하는 TV 프로그램에 등장했던 PPL을 찾아보고, PPL의 광고 효과에 대해 생각해 보자.

♣ 관련 학과

광고홍보학과, 광고학과, 인문학부, 사회 계열

♣ 같이 읽으면 좋은 책

《광고는 어떻게 세상을 유혹하는가?》(공병훈 | 팬덤북스 | 2020)

BOOK 18

《나는, 휴먼》

주디스 휴먼, 크리스틴 조이너 | 사계절 | 2022

차별의 벽을 부수는 그녀의 아름다운 여정

이 책은 장애 운동가 '주디스 휴먼'의 자서전입니다. 책의 제목 '휴먼'은 주디스 휴먼(Heumann)의 성을 의미합니다. 더불어 '인간'을 의미하는 'HUMAN'처럼 읽히기도 하죠. 마치 '나도 인간이야'라고 이야기하는 것처럼 들립니다. 그녀는 장애를 넘어 '3류 시민'이 아닌 진정한 시민이 되어가는 여정을 우리에게 생생하게 보여줍니다.

주디스 휴먼은 1947년 뉴욕에서 태어나 18개월에 소아마비를 앓고 장애를 얻게 됩니다. 가족, 이웃과 더불어 살며 장애를 인식하지 못하다가, '화재 위험 요인'이라는 이유로 다섯 살에 학교 입학을 거부당하면서 자신이 다른 사람과 '다르다'는 것을 알게 됩니다.

롱아일랜드 대학교에서 반전운동과 학생회 활동을 통해 '일반' 세계에서의 자신의 입지를 다져가지만, 교사의 꿈을 꾸던 휴먼은 장애인이라는 이유로 교사 자격을 얻지 못하는 충격적인 경험을 하게 됩니다. 이를 통해 사회의 편견과 차별에 맞서 자신의 권리를 위해 싸우기로 결심합니다. 이는 당시 '3류 시민'으로 살아가던 미국의 장애인 전체를 대변하는 투쟁의 시발점이 되었습니다.

휴먼은 '행동하는 장애인'이라는 단체를 조직하여 장애인들의 연대를 도모합니다. 1972년에는 재활법 504조(장애가 있다는 이유만으로 연방 정부의 재정 지원을 받는 프로그램이나 활동에 따른 혜택에서 배제, 거부되거나 차별받을 수 없다는 내용의 조항)에 거부권을 행사하는 닉슨 대통령에 맞서 시위를 벌입니다. 이후 휴먼은 '미국장애인시민연합'을 설립하고, 1977년 4월 재활법 504조의 시행을 요구하며 100명이 넘는 장애인 동료들과 함께 24일간 샌프란시스코 연방 정부 건물을 점거하고 농성을 벌입니다. 그리고 결국 재활법 504조 시행 규정을 통과시킵니다.

이 과정이 책 속에서는 한 편의 영화처럼 그려집니다. 읽는 내내 목표를 향해 나아가는 그녀의 굳센 의지와 실행력에 감탄을 하게 됩니다. 따뜻한 마음과 유대 속에서 함께 연대한다는 것이 얼마나 큰 힘을 지니는지도 다시금 깨닫게 됩니다.

장애인의 권리를 쟁취하기 위한 휴먼의 '투쟁의 역사'는 길었고, 치열했고, 강렬했습니다. 그 업적은 두말할 나위 없이 위대합니다. 이와 더불어 휴먼의 '삶에 대한 태도' 또한 우리에게 교훈을 남깁니다. 자신을 향한 믿음, 신념을 지키기 위한 노력, 긍정적인 자세. 그녀의 일대기를 읽으며 느끼고 배울 수 있는 것들입니다.

생기부 후속 활동으로 확장하기

- 책을 읽고 난 후 주디스 휴먼과 그 동료들의 이야기를 다룬 다큐멘터리 영화 〈크립 캠프〉를 감상해 보자.

- 우리나라의 장애인 인권 관련 뉴스를 찾아보고, 장애인들을 바라보는 차별적인 시각에 대해 보고서를 작성해 보자.

- 우리나라 장애인법의 변천 과정과 휴먼처럼 장애인의 권리를 위해 애쓴 사람들에 대해 알아보자.

- 장애인 이동권 보장 시위 기사를 살펴보고, 장애인의 이동권 보장이 필요한 이유와 관련 사례를 정리해 보자. 더불어 출근길 지하철 시위로 시민들이 불편함을 겪는다는 의견에 대해 친구들과 이야기를 나누어 보자.

- 우리 동네를 한 바퀴 돌아보며 장애인들을 위한 편의시설(점자 블록, 경사로, 엘리베이터 등)이 얼마나, 어떻게 설치되어 있는지 조사해 보자.

♣ 관련 학과

인문학부, 법학과, 행정학과, 사회학과, 사회복지학과

♣ 같이 읽으면 좋은 책

《같이 가면 길이 된다》(이상헌 | 생각의힘 | 2023)

《실격당한 자들을 위한 변론》(김원영 | 사계절 | 2018)

BOOK 19

《가짜 노동》

데니스 뇌르마르크, 아네르스 포그 옌센 | 자음과모음 | 2023

노동의 뉴노멀이 시작되다

이 책은 코로나19로 인한 노동의 패러다임 변화를 다루고 있습니다. 코로나19라는 특수했던 상황이 우리 사회, 특히 노동 관행에 많은 변화를 가져오게 만든 것이죠.

코로나19로 인한 불가피한 봉쇄 상황 속에서 사람들은 어쩔 수 없이 집에 머물러야 했습니다. 그런데 예상과 달리 집에서 다양한 일들을 처리해도 사회 시스템은 잘 돌아간다는 사실을 알게 되었습니다. 즉, 코로나로 인한 재택근무는 우려와 달리 노동의 효율성을 떨어뜨리지 않았을 뿐 아니라 오히려 사람들이 직장에 꼭 출근하지 않아도 더 효율적으로 일할 수 있다는 것을 깨닫게 했습니다. 이를 통해 그동안 우리가 중요하다고 생각했던 많은 일들이 필수적이지 않다는 것이 표면에 드러나게 되었으며, 필수 인력의 개념을 다시 생각하게 만들었지요.

이런 의미에서 코로나19 위기는 그동안 정상이라 여겨온, 우리가 종일 하던 일을 재평가하는 이상한 촉매제가 되었습니다. 사람들은 그동안 종일 일했던 업무를 단 두세 시간 만에 끝낼 수 있음을 알게 되었습니다. 늘 바빠 보여야 했던 일터에서는 상상할 수 없던 방종, 예컨대 창문을 내다보며 생각을 가다듬는 행동을 해도 괜찮았습니다. 그래서 이 책은 말합니다. 기존의 노동은 관중을 필요로 하는 일종의 가짜 노동이었다고 말입니다. 관중이 없을 때는 더 이상 하지 않아도 되는 일이 너무나 많았던 것입니다. 유행병으로 인한 변화가 '뉴노멀', 즉 시대 변화에 따른 새로운 기준을 만들 때 고려해야 할 노동 관습의 어떤 측면을 날카롭게 부각시킨 것입니다.

저자는 노동이 변화하는 과정을 자세히 살펴보면 한 가지 의미심장한 경향이 되풀이된다고 지적합니다. 누군가 더 효율적으로 시간을 절약할 방법을 알아낼 때마다, 또 다른 누군가는 그 시간을 사용할 새로운 방식을 알아낸다는 점입니다. 즉. 인류는 지치지 않고 계속 새로운 노동을 발명해 내고 있으며, 그 가장 최신 사례가 바로 지식 사회와 지식 노동자라고 저자는 말합니다. 지식 노동자의 등장은 노동시장을 공급 주도적인 곳으로 변화시켰습니다. 산업계와 정부는 사람들을 훈련시켜 그들이 일할 수 있는 곳을 찾아냈습니다. 하지만 그렇게 새롭게 생겨난 직종에 종사하는 상당수는 자신이 하는 일이 무엇인지 다른 사람에게 설명하기 어려워합니다.

저자는 궁극적으로 가짜 노동으로부터 시간을 해방시켜 자기 계발에 힘을 쏟아야 한다고 말합니다. 우리 자신에게 생각하고 놀고 시험해 볼 공간과 자유를 줘야 한다는 것입니다. 결국 인간만이 가진 독창성을 살리는 것이 가짜 노동 사회에서 살아남을 수 있는 방편이기 때문입니다.

AI로 산업의 패턴이 급격히 변해가면서 수많은 고소득 일자리가 사라지고 있다는 뉴스가 벌써부터 들려옵니다. 변화는 이미 시작되었고, 이 책의 다음 장은 우리 스스로 만들어 가야할 것입니다.

생기부 후속 활동으로 확장하기

- 이 책에서 제시하는 가짜 노동의 개념과 저자의 주장에 대해 내 생각을 정리해 보고, 그렇게 생각하는 이유를 함께 적어보자.
- 가짜 노동의 사례를 주변에서 찾아보자.

- 가짜 노동을 극복할 방안은 무엇일까? 책의 내용을 참조하여, 가짜 노동을 극복할 수 있는 개인적, 사회적 방안을 모색해 보고, 내 생각을 덧붙여 서술해 보자.

- 이 책은 보편적 기본소득제의 도입을 주장하고 있다. 이에 대해 찬반의 의견을 나눠 토론해 보자.

- 인간 존재의 의미를 노동에서 찾을 수 있을지 철학자들의 의견을 찾아 근거로 제시하여 발표해 보자.

- '진짜 노동'을 위해 나는 무엇을 하고 싶은가? 진로 포트폴리오와 함께 내가 꿈꾸는 일의 가치에 대해 적어보자.

- 현재 AI로 대체되어 사라지는 일자리에는 무엇이 있는지 찾아보고, 미래 사회에는 어떠한 일이 자신의 고유성을 드러내는 촉매제가 될 것인지 생각해 보자.

♣ 관련 학과

경영학과, 경제학과 사회학과, 인문학부, 교육학과

♣ 같이 읽으면 좋은 책

《도파민네이션》(애나 렘키 | 흐름출판 | 2022)

《그대들, 어떻게 살 것인가》(요시노 겐자부로 | 양철북 | 2012)

《축소되는 세계》(앨런 말라흐 | 사이 | 2024)

BOOK 20

《다수를 위한 소수의 희생은 징당한가》

표창원, 오인영, 선우현, 이희수, 고병헌 | 철수와영희 | 2016

더불어 사는 사회를 위한 솔루션

우리가 믿고 있는 다수의 이익은 과연 정당한 것일까요? 그리고 다수의 이익을 위해서라면 소수의 이익은 희생해도 되는 것일까요? 이 책은 이러한 의문에서 출발합니다.

이 책은 다수를 위한다는 명목으로 소수의 희생을 강요하는 한국 사회의 현실을 폭력, 민주주의, 철학, 세계, 평화라는 다섯 가지의 주제로 다룹니다. 이를 통해 차별과 희생 없이 더불어 사는 사회를 만들기 위한 방법은 없을지 그 해결 방안을 모색합니다.

다수를 위한 소수의 희생을 주장하거나 소수의 저항을 이기주의로 매도하는 우리 사회의 논리는 다수결의 정당성과 의사 결정 과정의 공정성을 전제로 합니다. 하지만 이 책의 저자들은 우리가 다수의 이익이라고 믿는 것이 과연 정당한 것인지, 다수결이 정말로 공정한지를 의심해 봐야 한다고 말합니다. 나아가 다수의 이익이 정당하다고 하더라도 소수자나 약자가 존중받을 수 있는 또 다른 길은 없는 것인지 묻습니다.

총 5강으로 이루어진 이 책의 1장에서는 폭력에 길들여진 우리 사회를 진단하며 정의로운 폭력은 존재하는지, 상대를 괴롭히는 '갑질'의 이면이 무엇인지 살핍니다. 2장에서는 민주주의의 위기를 지적하며 보통 사람들의 꿈을 이뤄주기 위해서 국가가 존재하는 것이지, 국가를 위해 국민이 존재하는 것은 아니라고 강조합니다.

이어 3강에서는 철학의 역할과 현실과의 관계를 짚으며, 우리 스스로 편견으로부터 자유로워져야 한다고 이야기합니다. 4강에서는 단일민족주의의 문제점을, 5강에서는 평화와 삶을 주제로 이야기를 나눕니다. 이 다섯 가지 이야기는 결국 인권 문제로 귀결됩니다. 인권의 중요성과 함께, 왜 인권이 우리 사회의 다수자와 소수자의 갈등과 대립을 해결할 '해답'인지 알려주고 있습니다.

이 책을 통해 인권과 관련하여 내가 가진 편견이 무엇인지 살펴보는 시간을 가지면 좋겠습니다. 또한 우리가 다수라는 이유로 일상에서 알게 모르게 폭력을 행사한 경우는 없었는지도 점검하고 살펴볼 수 있다면 의미 있는 시간이 될 것입니다.

생기부 후속 활동으로 확장하기

- 공정하다면 다수를 위해 소수가 희생하는 것은 정당한 것일까? 내 생각을 정리해 적어보자.
- 현대 사회에서 신체적 폭력 이외에도 다른 양상으로 행해지는 여러 폭력의 종류를 알아보고, 이를 개선할 방법을 이야기해 보자.
- 최근 논란이 된 '갑질' 사례를 찾아보고, 이를 개선할 방법에는 무엇이 있는지 적어보자.
- 최근 이슈가 되는 성소수자 논란에 대해 조사해 보고, 자신의 견해를 적어보자. 또한 그들에 대한 사회적 편견에는 어떤 것이 있는지 찾아보고 개선 방안을 모색해 보자.
- 단일민족을 강조하는 사회적 분위기가 이주노동자나 다른 피부색을 가진 사람에게 어떤 편견의 이유가 되는지 살펴보고, 단일민족주의의 문제점과 구체적인 해결 방안을 찾아 발표해 보자.

- 국가는 개인을 보호하기도 하지만 때로는 개인에게 부당한 국가 권력을 행사하기도 한다. 각각에 해당하는 두 가지의 사례를 찾아 발표해 보자.

♣ 관련 학과

법학과, 행정학과, 경찰학과, 인류문화학과, 인문학부

♣ 같이 읽으면 좋은 책

《다수를 바꾸는 소수의 심리학》 (세르주 모스코비치 | 뿌리와이파리 | 2010)

《가난한 아이들은 어떻게 어른이 되는가》 (강지나 | 돌베개 | 2023)

BOOK 21

《시대예보: 핵개인의 시대》

송길영 | 교보문고 | 2023

일기예보처럼 지금의 시대 변화를 내다보는 책

"'지능화'와 '고령화' 이 둘이 만들어내는 나선은 시대 변화의 방향을 알려주는 주요한 한 축입니다." 이 책은 우리 사회가 변화해 가는 방향을 읽을 중요한 키워드로, 지능화와 고령화를 이야기하며 시작합니다.

예전에 우리는 삶의 어려움이 닥치면 나보다 연륜이 많은 어른에게 물었습니다. 하지만 지금은 어른들의 지혜를 구하기보다 친구 혹은 다양한 플랫폼을 통해 조언을 구하는 사회에 살고 있습니다. 과거보다 훨씬 다양해진 지금의 삶에서는 누군가가 모든 분야의 권위를 갖기 어렵게 된 것이죠.

위로부터 아래로 억압적인 기제로 유지되던 권위주의 시대를 지나 이제 개인이 상호 네트워크의 힘으로 자립하는 새로운 개인의 시대가 도래하였습니다. 지능화의 결과 누구나 디지털 도구와 AI의 도움으로 이전에는 혼자서 할 수 없던 일들을 해낼 수 있게 되었습니다. 즉, 집단과 기성의 문법이 발휘하는 힘이 약해지고, 개인이 발휘할 수 있는 힘이 강해졌습니다.

생애주기도 예전과 달라졌습니다. 청년기에 열심히 일하고 조직에 헌신해 노후를 준비하고 은퇴를 맞이한다는 예전 생애주기 모델은 지금과 같은 고령화 사회에서 더 이상 작동하지 않게 되었습니다. 100세 이상의 생애주기에 사람들은 조직의 직급이나 지위보다 각자 개인의 역량과 생존을 고민하기 시작했습니다.

저자는 이처럼 변화된 사회 속에서 우리는 기존에 없던 새로운 개인으로 살아가게 될 것이라고 말합니다. 즉, 효도의 종말과 협력 가족의 진화, AI 최적화 시스템 속에서 기존에 없던 존재인 새로운 개인으로 살아가게 되는 것입니다. 이 책은 이러한 새로운 개인의 출현을 '핵개인'의 탄생이라 부릅니다. 핵개인의 시대에 우리는 모두 쪼개지고 흩어지고 홀로서

게 되었습니다. 핵개인은 자기 삶을 수정해 나가는 태도와 함께 시작하는 용기로 무장한, 엄청난 속도로 새 규칙을 만드는 특징을 지닙니다. 저자는 이 책의 제목처럼 시대예보를 통해 핵개인의 시대에 어떠한 삶을 살아야 하는지 모색하고 있습니다.

급속도로 변화한 세계 속에서 이제 반복되는 일은 AI와 로봇이 한다고 합니다. 그렇다면 현재의 일은 어떻게 될까요? 세상은 생각보다 빠르게 변화하고 있습니다. 대학에 가는 것, 좋은 직업을 갖는 것이 더 이상 끝이 아닌 시대가 온 것입니다. 이런 시기에 자신만의 서사를 담은 이야기를 만들어 나가는 것은 어쩌면 가장 필요한 일일지 모릅니다.

이 책을 통해 삶의 패러다임이 빠르게 변화하고 있는 이때, 나는 어떤 모습으로 살면 좋을지 고민하는 시간을 가지면 좋겠습니다. 또한 지금처럼 빠르게 변화하는 시대 속에서 어떻게 살아야 하는지 다각도로 모색해 보면 좋겠습니다. 이 책을 통해 자신만의 서사를 담은 삶의 여정을 계획해 보는 것은 어떨까요?

생기부 후속 활동으로 확장하기

- 고등학교 과정을 뒤돌아보며 급우들과는 다른 나만의 서사를 어떻게 만들어 갔는지 그 과정을 정리해 보자.

- AI와 로봇이 대체하는 일이 늘고 있다. 그렇다면 현재 일의 모습은 앞으로 어떻게 달라질까? 일이 인간에게 주는 의미를 바탕으로 자기의 생각을 서술해 보자.

- 내가 어떠한 정보나 조언을 얻는 방법은 무엇인지 그 방법에 의존하는 이유는 무엇인지 생각해 보자.

♣ 관련 학과

인문학부, 사회학부, 교육학과

♣ 같이 읽으면 좋은 책

《피로사회》(한병철 | 문학과지성사 | 2012)

《집중력 설계자들》(제이미 크라이너 | 위즈덤하우스 | 2023)

BOOK 22

《우리는 미래를 가져다 쓰고 있다》

윌리엄 맥어스킬 | 김영사 | 2023

후대에게 물려줄 미래의 모습은?

최근 들어 환경이나 인권 문제에 대한 관심이 높아지고 있습니다. 이대로 살다가는 끔찍한 미래를 마주하게 될지도 모른다는 불안감이 커지고 있기 때문이 아닐까 싶습니다. 이 책의 저자는 우리가 지금 미래를 가져다 쓰고 있으며 어떻게 하면 이 미래를 다음 세대에게 잘 물려줄 수 있을지 고민해야 한다고 말합니다.

이 책은 장기주의 관점을 따르고 있습니다. 장기주의란 미래 세대의 이익을 보호하기 위해 현재 훨씬 더 많은 것을 해야 한다는 관점입니다. 지금 우리가 하는 일이 수많은 미래 사람에게 영향을 미치므로, 현명하게 행동해야 한다는 것입니다. 이는 미래에 긍정적인 영향을 주는 것이 도덕적으로 중요하고 가장 우선해야 할 일이며, 세계의 운명이 우리가 지금 하는 선택에 달려 있다는 믿음이기도 합니다.

실제 우리는 핵탄두 수천 기가 발사 대기 중인 시대, 화석 연료를 태우며 수십만 년 지속될 오염물질을 만들어내는 시대, 팬데믹이 전 세계를 휩쓸어버린 시대, 인공지능의 탈선을 우려하는 시대에 살고 있습니다. 이로 인해 인류가 멸망하더라도 어색하지 않은 시대에 살고 있는 것이죠.

저자에 따르면, 현재 우리는 경제적 · 과학적 · 도덕적 · 환경적 변화가 이례적으로 빠른 시대에 살고 있으며 우리만큼이나 미래 궤도를 크게 바꿀 힘을 가진 사람은 우리 시대 이전에 없었고 앞으로도 없을 것이고 합니다. 즉, 미래를 긍정적으로 변화시킬 힘이 우리에게 있다는 것이죠. 저자는 미래 세대가 살아갈 세상에 무엇을 남겨줄지 진지하게 생각해봐야 한다고 말합니다. 그리고 가치관이 고착되기 전에 더 많은 도덕적 진보를 이루기 위해 노력하는 것 역시 중요하다고 말합니다.

장기주의 관점은 지금 인류가 겪고 있는 문제를 바라보는 관점과 함께 문제 해결의 실마리도 제공합니다. 전쟁 위험을 줄이고, 다양한 청정 에너지를 개발하고, 인공지능을 안전하고 적절하게 통제하며, 민주주의를 수호하고, 개인의 도덕 범위를 확장하는 방향으로 좋은 미래를 구상해야 한다는 것입니다. 저자는 장기주의를 실천하는 방법의 하나로 세계의 부유한 국가들이 GDP의 1% 이상을 펜데믹 대비, 인공지능 안보, 예측 회복력 인프라와 같이 혜택이 뚜렷한 대의에 투자하여 큰 재앙으로부터 인류의 생존을 확보해야 한다고 이야기하기도 합니다. 물론 여기에도 장기적으로 생각하고 지금 당장 행동하는 것이 전제되어야 합니다. '근사한 미래'와 '끔찍한 미래' 모두 우리 손에 달려 있다고 저자는 말합니다.

전 세계가 연결된 이례적인 시대에 사는 우리는 과거의 비연결 시대와는 다른 삶을 만들어 갈 수 있으며, 지금까지 살았던 인류 중에서 가장 미래에 긍정적인 영향을 줄 큰 힘을 가졌습니다. 전 세계가 함께 협력할 수 있는 토대를 쉽게 마련할 수 있기 때문이죠. 이 책을 통해 지금 당장 내가 미래 세대를 위해 할 수 있는 일은 무엇인지 생각해 보는 시간을 가지면 좋겠습니다. 장기주의 관점에서 말입니다.

생기부 후속 활동으로 확장하기

- 인공지능에 대한 윤리적인 문제를 어떻게 해결해야 하는지 자신의 생각을 글로 써보자.

- 장기주의 관점으로 볼 때 미래를 위험에 빠뜨릴 수 있는 사례를 찾아 구체적으로 알아보고, 그 해결 방안을 논리적으로 제시해 보자.

- 인간의 발명품 중 긍정적인 측면과 부정적인 측면을 모두 보이는 것을 찾아보고, 윤리적으로 어떻게 해결해야 할지 생각해 보자.

♣ 관련 학과

인문학부, 사회과학부, 교육학과, 공학 계열

♣ 같이 읽으면 좋은 책

《우리는 미래를 훔쳐 쓰고 있다》(레스터 브라운 | 도요새 | 2011)

《이기적 유전자》(리처드 도킨스 | 을유문화사 | 2018)

BOOK 23
《있지만 없는 아이들》

은유 | 창비 | 2021

미등록 이주 아동의 현실을 마주하다

이 책은 미등록 이주 아동에 관한 이야기입니다. 미등록 이주 아동은 이주민 부모를 따라 한국으로 이주했거나 한국에서 태어난 아동 중 부모의 체류 자격 상실, 난민 신청 실패 등 다양한 이유로 출입국관리법상 외국인 등록이 되어 있지 않은 아이들을 말합니다. 국내에 있는 미등록 이주노동자는 20~30만 명, 이 중 만 18세 미만인 미등록 이주 아동은 2만 명 정도 존재하는 것으로 추산됩니다.

부모가 유효한 체류 자격이 없으면 아이는 태어나자마자

혹은 어느 날 갑자기 법을 어긴 존재가 된다고 합니다. 유엔 아동권리협약에 의거 교육권은 주어져 고등학교까지는 다닐 수 있지만 미등록 이주 아동들에게 배제와 좌절은 일상입니다. 대학 진학이나 미래를 설계하는 것은 물론, 보험 가입이 필요한 수학여행을 가는 평범한 일상도 이 아이들에게는 어려운 일입니다.

더구나 졸업하고 성인이 되면 언제든지 강제퇴거 명령이 내려질 수 있습니다. 어느 날 갑자기 말도 안 통하고 가본 적도 없는 부모의 국적국으로 쫓겨날 처지에 놓이게 되는 것입니다. 한국에서 살아가지만 마음대로 할 수 있는 것이 아무것도 없는 처지에 놓여 있는 아이들의 현실에 작가는 큰 안타까움을 표합니다.

우리나라에서는 미등록 이주노동자를 불법 체류자로 불렀습니다. 불법이라는 말이 꼬리표처럼 따라다녀 어느 순간 우리의 머릿속에 고정 관념을 남겨놓았습니다. 호명만으로 세상을 바꿀 수는 없지만 호명은 분명 중요한 단계라고 작가는 말합니다. 우리가 알게 모르게 불법이라는 말로 그들을 명명함으로써 그들의 지위를 우리보다 낮게 생각하고, 그들을 무시하는 경향이 있을 수 있다는 것입니다. 실제로 이주노동자 인권 침해 문제는 여전히 심심치 않게 뉴스에 등장합니다. 이주노동자에 대한 고정 관념이 얼마나 중요한지 보여주는 사례이기도 합니다.

이주노동자는 우리 사회가 필요로 했기에 한국에 살고 있는 이들입니다. 우리 사회 한 부분에서 그들이 역할을 하고 있는 것이죠. 우리의 인식 개선이 필요한 이유입니다. 미등록이라 통계에도 잡히지 않는 그들은 단속으로 죽기도 하고 일하다가 죽기도 합니다. 노동자에 대한 착취가 버젓이 이뤄지고 있으나 이는 한국 사람 기준 소위 '못사는 나라'에서 온 이주민에 대한 혐오나 인종차별 이데올로기에 가려지고 묵인되었습니다. 그렇게 계급적 불평등이 유지된 것입니다. 인간으로서 최소한의 권리조차 보장하지 않고 오직 노동력만 뽑아내면서 말입니다.

한국은 전문직 기술 종사자에 대해서는 가족과 함께 생활하는 것을 당연한 것으로 인정하고 가족 동반 비자를 주지만, 주로 고용허가제를 통해 오는 제3세계 출신 이주노동자에게는 아무리 한국에서 오래 일하더라도 가족 동반을 허용하지 않고 있습니다. 얼마나 차별적인 관점이 들어가 있는지 알 수 있는 대목입니다.

이 책을 통해 이주노동자와 미등록 아동의 실태에 대해 문제의식을 함께 가지면 좋겠습니다. 더 나은 사회를 위한 개선 방안도 함께 생각해 보면 좋은 시간이 될 것입니다.

생기부 후속 활동으로 확장하기

- 한국에서 태어난 미등록 이주 아동들에게 교육권만 부여하는 것에 대해 내 생각을 정리해 적어보자.

- 미등록 이주 아동들의 인권 보호 방안에 대해 알아보고, 이를 바탕으로 논설문을 써보자.

- 이주노동자를 불법 체류자라는 용어로 부름으로써 발생하는 낙인 효과에 대해 적어보자. 또 이와 비슷한 사례를 찾아 조사해 보자.

- 같은 노동자 신분으로 입국했으나 전문직 기술 종사자와 이주노동자 사이에는 실제로 많은 차별이 존재한다. 그 내용을 구체적으로 찾아보고, 차별 해소 방안을 토론해 보자.

♣ 관련 학과

사회학과, 사회복지학과, 인문학부

♣ 같이 읽으면 좋은 책

《알로하, 나의 엄마들》 (이금이 | 창비 | 2020)

《이주노동자, 그들은 우리에게 어떻게 다가왔나》 (김태웅 | 아카넷 | 2016)

BOOK 24
《차별하는 구조 차별받는 감정》

이주희 | 글항아리 | 2023

차별, 그 깊은 뿌리가 가진 모순

누구나 차별받아 위축되거나 분개한 경험이 있을 것입니다. 전혀 차별받지 않고 일생을 살아가기란 어려운 일입니다. 그런데 최근 몇 년 사이 특히 젊은 세대에서 차별이나 혐오라는 단어에 매우 예민하게 반응하는 모습을 볼 수 있습니다. 상대적으로 배제된 느낌에 좌절과 무기력을 토로하는 이들도 많습니다.

이들이 느끼는 좌절과 무기력은 대개 차별하는 사회 구조에서 비롯됩니다. 문제는 그 원인과 결과, 감정과 사회 구조의 정확한 연결 고리는 잘 드러나지 않는다는 점입니다. 이 책의 저자는 차별하는 구조와 차별받는 감정을 한 쌍으로 삼아 차별 문제에 접근합니다. 불평등한 구조가 자기혐오나 죽고 싶은 감정을 불러일으켰으니 구조를 파헤치고 감정을 살피자는 겁니다.

저자는 차별이 단순히 차별하는 사람이나 차별당하는 사람 개인의 문제가 아니라 조직과 국가와 신념 체계가 복합적으로 작동해 발생하는 구조의 문제임을 인식하는 데서 차별을 극복할 힘이 생겨난다고 말합니다. 이 책은 차별을 당연시하며 영속시키는 우리 사회의 구조를 살펴보고, 차별받는 사람의 감정을 통해 이를 재조명합니다.

이 책에서 이야기하는 다양한 차별의 예시 중 저는 구조적 차별의 개선을 막는 능력주의에 주목했습니다. 성적에 따른 서열화처럼 이 책을 읽는 독자들이 학교 안에서 쉽게 볼 수 있는 차별 역시 능력주의에서 비롯되기 때문입니다.

그렇다면 능력에 따른 선발, 배치, 보상이라는 합리적이며 간결한 원칙이 우리 사회에서 차별을 온존하는 주범이 된 이유는 무엇일까요? 그것은 현재 우리 사회에서 작동하는 능력주의가 그 원칙에 충실한 능력주의라기보다는 시험 서열주의에 가깝기 때문입니다. 적은 기회, 지나친 경쟁, 그리고 그 안에서 폭주를 부추기는 현실의 압박과 그로 인해 생긴 잘못된 신념 체계 안에서 시험 서열주의가 작동하고 있기 때문입니다. 작가는 이러한 구조적 차별을 해소하기 위해서는 차별금지법과 같은 법의 테두리가 필요하다고 말합니다.

또한 베버의 견해를 빌려 시험 제도의 문제점에 대해서도 이야기합니다. 민주주의 사회에서 모든 계층은 원칙상 모든 시험에 응시할 수 있고, 이런 시험을 통해 특정한 전문직이나 지위에 선발될 수 있습니다. 하지만 결국 이는 시험이 능력을 판별할 유일한 기준이라는 능력주의를 확산하고 특별한 자격증을 부여하는 과정을 통해 특권적 지위를 만들어내게 됩니다.

관료주의는 이런 시험의 중요성을 더욱 확대하고 교육상 자격증은 결국 경제적 이득으로 이어집니다. 시험은 교육에 대한 갈망이 아니라 이런 지위의 공급을 제한하려는 욕망이 바탕이 되고 있으며, 이를 위한 교육 비용이 너무 많이 요구되기에 결국 경제적 지위에 따라 그 승패가 갈릴 수밖에 없습니다. 이는 특권적 지위에 있는 사람들이 능력주의라는 창이자 방패로 기득권이 없는 사람들을 차별하고 배제하는 행위가 용인된다는 것을 의미하기도 합니다.

우리 사회에서도 최근 교육 불평등 문제가 화두가 되고 있습니다. 이 글을 읽는 독자들은 그 한복판에 있다고도 볼 수 있습니다. 이 책을 통해 우리가 이러한 구조적 차별의 한

가운데에서 비판적 생각 없이 그것을 당연히 받아들이고 있는 것은 아닌지 생각해 보는 시간을 가지면 좋겠습니다. 그리고 어떻게 하면 이를 개선해 나갈 수 있을지까지 생각해 보길 바랍니다. 이러한 생각의 확장이 지금 우리 사회를 이해하는 데 큰 도움이 될 것입니다.

생기부 후속 활동으로 확장하기

- 차별금지법에 대해 알아보고 그 법안이 공정한지 자신의 생각을 정리해 적어보자.

- 우리 사회에서 일어나고 있는 구조적 차별에는 어떤 것이 있는지 사례를 찾아 발표해 보자.

- 대입의 큰 두 축인 수시모집과 정시모집 중 무엇이 더 공정하다고 생각하는지 자기의 생각을 논리적으로 서술해 보자.

- 우리 사회에서는 주로 시험을 통한 선발이 이루어지고 있다. 이를 공정하다고 생각하는가. 자기의 생각을 논리적으로 서술해 보자.

- 시험 위주 선발에서 개인이 가진 경제력은 어떤 역할을 하고 있다고 생각하는가. 구체적인 사례를 들어 논리적으로 서술해 보자.

♣ 관련 학과

윤리학과, 인문학부, 사회과학부, 법학과

♣ 같이 읽으면 좋은 책

《가족각본》(김지혜 | 창비 | 2023)

《가녀장의 시대》(이슬아 | 이야기장수 | 2022)

《집단 착각》(토드 로즈 | 21세기북스 | 2023)

BOOK 25

《오늘부터 나는 세계 시민입니다》

공윤희, 윤예림 | 창비교육 | 2019

세계 시민으로 가는 첫걸음이 되어줄 책

2015년 제70차 UN총회에서 2030년까지 달성하기로 결의한 의제인 지속가능발전목표(SDGs: Sustainable Development Goals)는 지속가능발전 이념을 실현하기 위한 인류 공동의 목표입니다. 지속가능발전목표는 '단 한 사람도 소외되지 않는 것(Leave no one behind)'이라는 슬로건과 함께 인간, 지구, 번영, 평화, 파트너십이라는 5개 영역에서 인류가 나아가야 할 방향성을 17개 목표와 169개 세부 목표로 제시하고 있습니다.

이 책은 유엔이 지정한 다양한 세계 기념일에 따라 SDGs를 설명하고 있습니다. 3월 8일 여성의 날 챕터에서는 지금까지 만연한 여성 차별 문제를, 4월 22일 세계 지구의 날 챕터에서는 석유가 가져온 진 지구적 환경 재앙의 문제를, 6월 8일 세계 해양의 날 챕터에서는 바다에 버려진 플라스틱 쓰레기 문제를 다룹니다. 9월 21일 세계 평화의 날 챕터에서는 홉스의 '리바이어던'을 가져와 국가 권력의 문제를, 10월 31일 세계 도시의 날 챕터에서는 양극화로 인한 주거권 박탈의 문제를 고찰하고 있습니다.

이 책은 이처럼 폭넓고 다양한 주제들을 아우릅니다. 이는 우리가 세계 시민으로서 결코 간과할 수 없는 주제들입니다. 또 구체적인 사례와 연구 결과를 제시하고 있어, 막연하게 생각했던 지속 가능한 발전의 개념을 보다 명확하게 이해할 수 있게 합니다. 읽다 보면 나와는 먼 이야기인 것 같았던 이슈가 나에게 가까이 다가오는 느낌이 듭니다. 이 책을 통해 우리 사회가 안고 있는 문제를 하나하나 짚어보고, 현황과 방향을 생각해 볼 기회로 삼으면 좋겠습니다.

모든 챕터의 마지막 부분에는 '세계 시민 투 두 리스트(To Do List)'가 포함되어 챕터에서 설명한 내용을 우리 삶과 생활 속에서 실천 가능한 방법으로 제시하고 있습니다. 예를 들어 관련 책과 영화를 소개하기도 하고, 온라인 서명, 캠페인 등 구체적인 실천 방법을 소개하기도 합니다.

특히 '세계 과학의 날' 챕터에 있는 '소외된 90%를 위한 창의 설계 경진 대회'는 그 아이디어가 인상적입니다. 대회에 참가하지 않더라도, 소외된 약자들을 위한 창의적인 설계와 디자인을 고민해 보아도 좋겠습니다. 자신만의 고민과 과정, 결과물이 담긴 생기부가 좋은 평가를 받기 마련입니다.

아래는 UN 지속가능발전목표의 17개 주요 목표입니다. 이를 참고하여 내가 관심 있는 주제와 실천할 수 있는 방안 등을 생각해 보면 좋겠습니다.

지속가능발전목표

1. 빈곤층 감소와 사회 안전망 강화
2. 식량안보 및 지속 가능한 농업 강화
3. 건강하고 행복한 삶 보장
4. 모두를 위한 양질의 교육
5. 성평등 보장
6. 건강하고 안전한 물관리
7. 에너지의 친환경적 생산과 소비
8. 좋은 일자리 확대와 경제 성장
9. 산업의 성장과 혁신 활성화 및 사회기반시설 구축

10. 모든 종류의 불평등 해소

11. 지속가능한 도시와 주거지 조성

12. 지속가능한 생산과 소비

13. 기후변화와 대응

14. 해양생태계 보전

15. 육상생태계 보전

16. 평화 · 정의 · 포용

17. 지구촌 협력 강화

참고할 만한 사이트

지속가능발전포털

www.ncsd.go.kr

임팩트 라이브러리

impactlibrary.net

생기부 후속 활동으로 확장하기

- 달력에 UN 세계 기념일을 표시해 보고, 자신이 관심 있는 주제를 탐구해 보자. 기념일에 맞춰 캠페인 활동을 하고 이를 보고서로 정리해 보자.

- 책의 '세계 시민 투 두 리스트(To Do List)'를 살펴보고 실천해 본 뒤, 그 결과에 대해 보고서로 정리해 보자. 세계 시

민 동아리를 만들어 친구들과 함께 실천해 보는 것도 의미 있을 것이다.

♣ 관련 학과

모든 학과

♣ 같이 읽으면 좋은 책

《신인류가 온다》(이승헌 | 한문화 | 2023)

《세계시민을 위한 없는 나라 지리 이야기》(서태동, 한준호, 배동하, 이건, 박상은 외 2명 | 롤러코스터 | 2022)

BOOK 26
《고통 구경하는 사회》

김인정 | 웰일북 | 2023

타인의 아픔을 구경하는 사회에 대한 통렬한 성찰

비슷한 뜻을 가진 단어지만, 그 속에서 느껴지는 뉘앙스에 따라 다가오는 느낌이 다를 때가 있습니다. 고통을 '목격한다'와 고통을 '구경한다' 사이의 뉘앙스 차이가 느껴지시나요? 두 단어 모두 '본다'라는 중심 의미를 가지고 있습니다만 '목격한다'가 가치 중립적이라면, '구경한다'는 그 대상이 주체의 흥밋거리라는 의미가 내포되어 있음을 알 수 있습니다.

우리는 오늘도 여러 매체를 통해 타인의 고통을 '구경'하고 있습니다. 물론 고통받는 사람들의 모습을 보며 연민을 느끼고, 눈물을 흘리고, 안타까워하기도 합니다. 그러나 그 감정은 빠르게, 쉽게 잊히기 마련이고, 여러 사건에 걸쳐 단순 반복될 뿐입니다. 이 책의 저자는 재난과 재해, 타인의 고통을 '구경'하는 우리의 모습에 비통함을 느끼고, 저널리스트로서의 고민을 우리에게 들려줍니다.

저자는 1장에서 2022년 10월 이태원 참사 보도를 중심으로 타인의 고통이 하나의 콘텐츠가 되었다는 사실을 명백히 선언합니다. 그러나 타인을 '대상화'하여 '구경'하는 행위에 대한 경고의 메시지에 그치지 않고, 그 고통을 제대로 바라볼 필요가 있다고 말합니다. 사건이 일어난 이후 더 중요한 작업은 구조적인 문제점을 파헤쳐 참사가 반복되지 않도록 감시하는 것입니다. 그것이 시민으로서 역할이라고 저자는 말합니다.

2장에서는 소외된 사회적 약자들의 고통을 중심으로, 3장에서는 우크라이나 전쟁, 아시아계 증오 범죄, 홍콩 민주화 운동 보도를 중심으로 타인의 고통을 다루는 언론의 방식과 역할을 이야기합니다. 더불어 저자는 지역 차별과 혐오를 조장하는 언론의 한계를 고발하고, 젠더 갈등에 대해서도 갈등 그 자체에 초점을 맞추는 것이 아닌 갈등의 맥락을 파악하여 보도해야 한다고 날카롭게 지적합니다.

마지막 4장에서 저자는 '공적 애도'라는 새로운 개념을 제시합니다. 감정을 공유하는 공동체가 함께 단편적인 애도에 그치지 않고, '왜', '무엇을' '어떻게' 같은 논리적인 이야기의 구조를 만들어 가는 것이 바로 공적 애도입니다. '구경'이 아닌 '공적 애도'를 통해 같은 고통을 겪는 사람이 다시는 생기지 않도록 해야 한다는 것입니다.

고통받는 사람들에 대한 연민과 죄책감에 그치지 않고 더 의미 있는 행동으로 나아가야 한다는 저자의 이야기에 고개가 끄덕여집니다. 이 책에서 그에 대한 구체적인 방법은 제시하고 있지 않지만, 그것이 어떻게 현실적으로 실현될 수 있을지에 대한 고민은 우리들의 몫이 아닐까 생각합니다.

생기부 후속 활동으로 확장하기

- 최근 1개월간의 뉴스를 훑어보고, 매체가 비극적인 사건을 다루는 방식과 그것을 소비하는 대중들의 반응(댓글 등)을 분석해 보자.
- 이태원 참사, 오송 지하차도 참사, 연예인의 자살 사건 등의 뉴스를 통해 언론의 사회적 역할을 토론해 보자.
- 비극적인 사건 이후 사회의 변화를 통시적으로 조사해 보고, 저자가 제안하는 '공적 애도'를 실천할 방법에 대해 토론해 보자.

♣ 관련 학과

사회학과, 언론정보학과, 신문방송학과

♣ 같이 읽으면 좋은 책

《타인의 고통》(수전 손택 | 이후 | 2004)

BOOK 27

《축소되는 세계》

앨런 말라흐 | 사이 | 2024

저출생이 인류에게 미치는 영향

최근 뉴스에서 하루도 거르지 않고 등장하는 단어가 있습니다. 바로 '저출생'이라는 단어입니다. 우리나라의 합계출산율(여성 1명당 가임기간에 낳을 것으로 기대되는 평균 출생아 수)은 2015년 1.24명에서 2022년 0.78명까지 감소했습니다. 통계청은 2023년에는 0.72명, 2024년에는 0.68명을 기록해 곧 0.7명 선이 붕괴될 것으로 예측하고 있습니다.

이 숫자의 의미를 여러분은 체감하고 있나요? 일반적으로 대체출산율(현세대의 부모가 그들 자신을 대체하기 위하여 가져야 할 자녀 수, 즉 현 인구수를 유지하기 위해 필요한 출산율)은 2.1명이라고 합니다. 그런데 우리나라는 이제 곧 0.7명이 채 되지 않을 수도 있다는 겁니다. 인구 소멸에 대한 위기감을 느끼지 않을 수 없습니다. 이는 단순히 사람의 수가 줄어드는 단편적인 문제가 아니기 때문입니다.

이 책은 2024년 1월에 발간되었습니다. 최근의 연구 결과와 통계 자료를 반영하고 있으며, 다양한 나라의 사례를 통해 점차 축소되어 가는 세계에 대해 입체적으로 이해할 수 있도록 돕습니다. 세계 인구의 변천사와 함께 2050년까지 예상되는 인구 변화 추이를 다루며 그 변화에 따라 축소되는 세계의 인구통계학적, 사회적, 경제적 측면의 영향까지 살펴봅니다.

저자는 2050년이 되면 65개 국가, 즉 전체 국가 중 3분의 1에서 인구 성장이 마이너스로 돌아서고, 2070년이 되면 전 세계 인구가 감소하기 시작하는 시기가 도래할 것으로 예측합니다. 인구가 감소하는 것이 비단 우리나라만의 문제가 아니라 전 세계의 문제임을 알 수 있습니다. 인구가 줄어든다면 어떤 변화가 일어날까요? 환경적, 경제적, 정치적, 문화적, 사회적 측면에서 변화를 예상해 볼 수 있습니다.

이 책에서는 인구가 줄어드는 것에 대해 '줄어드는 파이'라는 표현을 씁니다. 그리고 이 파이를 차지하기 위한 투쟁이 더욱 치열해질 것이라고 예측합니다. 노동 인구 규모가 감소하여 생산성이 줄고, 이에 소비와 투자 모두 위축될 것이며 경제적 불평등은 더 심화되고, 세수가 감소해 지자체는 존폐 문제에 봉착하게 될 것이라 합니다.

저자는 경제 성장이 지속적으로 둔화되어 마이너스 성장세로 돌아설 수 있다고 보고, 이러한 미래를 대비하는 방안으로 '네트워크화된 지역주의'를 제안합니다. 이는 지역이 글로벌 경제에 과도하게 의존하는 방식에서 벗어나 주체적인 경제 시스템을 구축하는 것을 말합니다. 더불어 지속 가능한 도시를 위한 교육 모델, 고령 인구를 위한 지원 서비스, 지역 경제 구축, 분산형 발전 등을 제안합니다.

이 책을 읽으며 다른 나라의 사례를 통해 시야를 넓히고 앞으로 우리나라에 닥칠 문제에 대해 생각해 봅시다. 이는 남의 문제가 아닌 우리의 문제입니다.

생기부 후속 활동으로 확장하기

- 한국 사회의 저출생 문제가 심각하다. 저출생 현상과 그 원인에 대해 개인적, 사회적, 국가적, 세계적 차원에서 분석해 보고 친구들과 함께 토의해 보자.

- 통계청 사이트에서 초등학생 입학자 통계를 살펴보고, 내가 졸업한 초등학교의 몇 년간의 학생 수, 교사 수를 조사

해 보자. 만약 저출생 문제가 이대로 지속된다면 초등학교 학생 수가 어떻게 변화할지 그 추이를 예상해 보자. 이 결과가 어떤 사회적 변화를 일으킬 것인지 예측해 보자.

– 출생률을 끌어올리기 위해 정부는 많은 새로운 정책과 제도를 만들어내고 있다. 아이를 낳으면 국가에서 여러 차례에 걸쳐 보조금을 지급하기도 하고, 엄마 아빠의 유급 육아휴직을 장려하고, 지자체에서 운영하는 시설에 대해 할인 혜택을 주기도 한다. 이런 정책들이 장기적으로 출생률을 증가시키는 데에 영향을 미칠 수 있다고 생각하는지, 또한 출산하지 않는 1인 가구에 대한 역차별이라는 시각에 대해서는 어떻게 생각하는지 정리하여 서술해 보자.

♣ 관련 학과

경제학과, 사회학과

♣ 같이 읽으면 좋은 책

《번영하는 도시, 몰락하는 도시》(이언 골딘, 톰 리-데블린 | 어크로스 | 2023)

《신인류가 온다》(이승헌 | 한문화 | 2023)

BOOK 28

《나의 가해자들에게》

씨리얼 | 알에이치코리아 | 2019

살아있어서 고마운 사람들의 이야기

청소년들의 '왕따', '학교 폭력' 문제는 비단 어제, 오늘의 일이 아닙니다. 사회는 가해자들의 처벌과 교화에는 관심이 많지만, 정작 피해자들에게는 별로 관심이 없는 것처럼 느껴집니다. 미래에 대한 꿈을 키우며 친구들과 함께 어울려 행복한 나날을 보내야 할 시기에 고통스러운 날들을 보냈을 아이들. 그들은 성인이 되어 어떻게 살고 있을까요? 그때의 상처는 아물었을까요? 조금은 조심스러운 마음으로 책장을 열게 됩니다.

이 책은 유튜브 〈씨리얼〉 채널의 '왕따였던 어른들' 시리즈를 글로 편집하여 출간한 것입니다. 유튜브에 공개된 영상은 20여 분이지만, 인터뷰어와 인터뷰이의 이야기는 8시간 넘게 이어졌다고 합니다. 영상으로는 다 보여줄 수 없었던, 그들의 솔직하고, 진정성 있는 이야기가 책 속에 담겼습니다.

책에는 학창 시절 왕따, 학교 폭력을 당했던 10명의 어른들, 가연, 민아, 희정, 주연, 지영, 권배, 의현, 요셉, 성호, 재경의 이야기가 실려 있습니다. 그들의 이야기는 마치 어제 이야기를 하듯 생생합니다. 친했던 친구들이 하루아침에 자신을 벌레 보듯 쳐다보고, 아픈 가족사를 들먹이며 놀리고, 전학 가는 자신에게 드디어 전학 간다며 환호하고, 장애인 오빠를 두었다는 이유로 욕을 하던 당시의 상황을 한순간도 잊지 않았다는 듯이 풀어놓습니다. 무기력했고, 웃는 것을 배우지 못했으며, 가해자들의 뾰족한 말을 그대로 흡수해 스스로 아프게 했던 그때의 감정도 솔직하게 털어놓습니다. 이들은 그때의 경험과 감정을 가지고 어른이 되었습니다.

인터뷰에 응한 이들은 현재 20대에서 40대가 되었으며, 우리 사회에서 직장인으로, 학생으로 자신의 몫을 다하며 살아가고 있습니다. 그러나 그때의 경험과 감정이 내면과 삶에 깊숙이 파고들어, 남과 친해지는 방법을 모르는 어른, 잠을 잘 자기 힘든 어른, 자신의 색깔이 없는 어른, 대인기피증과

우울증을 겪는 어른이 되었다고 고백합니다. 그리고 지금, 자신과 비슷한 일을 겪고 있을 아이들을 위해 진심 어린 조언을 나누며, 내가 꿈꾸는 미래에 관해 이야기합니다.

이 책은 학교 폭력이 한 인간의 삶을 얼마나 피폐하고 고통스럽게 만들 수 있는지 보여줍니다. 가해자뿐만 아니라, 그 상황을 대수롭지 않게 여기거나 모른 척했던 방관자들 역시 그들에게 얼마나 큰 상처를 입혔는지 깨닫게 합니다. 따뜻한 말 한마디를 건넸던, 용기를 주었던 이들이 있었기에 그들이 살아갈 힘을 얻었다는 사실도 알 수 있게 됩니다.

저자는 아픔과 상처를 공유하는 일이 얼마나 중요한지에 대해 강조합니다. 피해자의 아픔과 상처에 둔감하지 않고, 그들이 숨지 않고 앞으로 나와 자신의 이야기를 당당하게 할 수 있는 사회적 분위기를 만들어 나가는 것이 무엇보다 중요할 것입니다.

생기부 후속 활동으로 확장하기

- 학교 폭력 실태를 다룬 신문 기사, 통계 자료, 설문 조사 등을 분석해 보고, 학교 폭력 근절 방안을 생각해 보자.

- 학교 안팎으로 학교 폭력 피해자들을 위한 어떤 조치(상담, 치료 등)가 있는지 조사해 보고, 그 현황과 실효성에 대해 분석해 보자.

- 학교 폭력에 관한 통계 자료나 사례를 바탕으로 학교 폭력 근절 포스터를 만들어 보자. 교실에 게시하거나 사회관계망 서비스(SNS)에 업로드하는 등 캠페인을 생활 속에서 실천해 보자.

- 학급 차원에서 학교 폭력 근절을 위해 지켜야 할 약속 목록을 만들어 보자. 친구들과 함께 이를 실천하고 학기가 종료된 후 설문 조사와 인터뷰를 통해 학급 친구들의 인식 변화와 행동 변화를 보고서로 작성해 보자.

♣ 관련 학과

모든 학과

♣ 같이 읽으면 좋은 책

《우아한 거짓말》(김려령 | 창비 | 2009)

BOOK 29
《쓰레기책》

이동학 | 오도스 | 2020

내가 하루에 버리는 쓰레기는 얼마나 될까?

우리가 평소 만들어내는 쓰레기의 양은 얼마나 될까요? 이 쓰레기들은 어떻게 처리될까요? 분리수거는 과연 효용성이 있을까요? 이 책은 '쓰레기'에 대한 여러분의 평소 궁금증을 해소해 줄 만한 책입니다. 저자가 2년간 61개국 157개 도시를 누비며 직접 보고 듣고 깨달은 '쓰레기 이야기'가 이 책에 고스란히 담겼습니다.

2017년 한 논문에 따르면, 2015년까지 전 세계에서 생산된 플라스틱은 83톤에 달한다고 합니다. 이 중 63톤이 쓰레기가 되었으며, 재활용된 양은 고작 6억 톤에 불과합니다. 인간이 지구를 지배한 것인지, 플라스틱이 지구를 점령한 것인지 묻는 저자의 질문이 날카롭게 다가옵니다.

저자는 '쓰레기가 어디로 가는지'에 무관심한 우리에게 다양한 세계의 사례를 보여줍니다. 해양쓰레기로 고통받는 필리핀의 바세코 마을, 하루 10톤의 쓰레기가 쌓이고 있는 베트남의 꼰다오섬, 쓰레기가 주민들의 생계가 되는 이집트 카이로 외곽의 모카탐 등의 이야기로 경각심을 일깨웁니다.

또 태평양 해역에 자리한 거대 쓰레기 섬인 GPGP(Great Pacific Garbage Patch의 약자)의 이야기도 들려줍니다. 해류 탓에 북태평양 한가운데 모여 쌓인 플라스틱 쓰레기 지대는 특정 국가에 그 책임을 묻기가 모호합니다. 세계시민으로서 환경 문제에 책임 의식을 가져야 하는 이유입니다.

저자는 네덜란드 청년 보얀 슬렛도 소개합니다. 그는 고등학생이던 2013년 해양 쓰레기를 없애는 데 직접 나서기로 하고 '오션클린업'이라는 비영리 단체를 만들고 온라인 펀딩을 하며 큰 반향을 일으켰고 지금도 바다 정화 프로젝트를 실천하고 있습니다. 세계시민으로서 우리가 어떠한 노력을 기울여야 할지에 대해 시사하는 바가 큽니다.

미세플라스틱 문제도 심각합니다. 0.5mm 이하의 미세플라스틱이 축적되어 해양생물들이 죽어가고 있으며, 이는 인간의 건강에도 영향을 미치고 있습니다. 인간의 편리를 위해 만든 플라스틱이 다시 인간에게 돌아와 위해를 끼치는 형국입니다.

저자는 쓰레기 문제와 환경 파괴, 기후 위기는 도시화, 세계화, 자본주의와 긴밀하게 연결되어 있다고 말합니다. 실제로 효율성을 중시하는 도시의 24시간 배달 체계는 곧 24시간 쓰레기 생산 체계가 되어버렸습니다. 배달 시스템의 확산이 스티로폼, 플라스틱, 비닐류, 박스 등의 막대한 쓰레기를 추가로 만들어내고 있으며, 끊임없이 소비를 부추기는 이런 사회에서는 인간의 의식적인 노력이 없이 쓰레기 문제를 해결하기란 어려울 것입니다. 우리가 일상적으로 주문하는 택배와 배달 음식의 포장으로 인한 쓰레기양을 한번 떠올려 봅시다. 택배와 배달로 인해 쓰레기양이 얼마나 증가했는지 탐구해 보는 것도 실질적인 연구로서 의미 있을 것입니다.

저자는 쓰레기를 자원으로 바꾼 다양한 나라의 사례를 설명하고, 음식 쓰레기 문제 해결에 대해서도 다양한 관점을 제시하여 우리의 시야를 넓혀줍니다. 전 세계적인 기후 위기와 환경 문제를 해결하기 위해 지금 당장 우리가 할 수 있는 일이 무엇일지 고민해 보고, 작은 일이라도 실천해 볼 수 있기를 바랍니다. 책으로 얻은 지식과 정보가 세상을 바꾸기 위해 노력하는 모습으로 이어진다면 좋겠습니다.

생기부 후속 활동으로 확장하기

- 평소 내가 버리는 쓰레기의 양을 측정해 보자. 1주일간 나의 일상에서 나온 쓰레기를 모아보고, 이를 사진과 기록으로 남겨보자.

- 자원 재활용, 분리수거에 대해 자료를 탐색해 보고, 이를 토대로 우리 학교 학생을 대상으로 한 교육 콘텐츠를 만들어 보자.

- 일회용품 사용 저감 정책을 살펴보고, 내 주변의 일회용품 사용 실태를 조사해 보자. 이를 토대로 새로운 저감 정책에 대해 고민해 보자.

- 다른 나라의 쓰레기 문제와 이를 해결하기 위한 정책이나 제도를 추가로 탐색하여 조사해 보자. 이러한 정책과 제도를 우리나라와 비교해 보자.

♣ 관련 학과

경제학과, 사회학과

♣ 같이 읽으면 좋은 책

《식량위기 대한민국》(남재작 | 웨일북 | 2022)

《그건 쓰레기가 아니라고요》(홍수열 | 슬로비 | 2020)

BOOK 30
《AI는 세상을 어떻게 바꾸는가》

장동선 | 김영사 | 2022

인공지능과 인간의 공존에 대한 고민

시나브로 인공지능의 시대가 도래했습니다. 사회 전반에서 인공지능 사용이 늘고 있으며, 학교 안팎에서도 인공지능을 이용한 교육이 이루어지고 있습니다. 인공지능은 앞으로 우리 삶에 더욱 깊숙이 침투하여, 더 큰 영향력을 발휘할 것입니다.

이러한 사회 흐름 속에서 인공지능에 대한 탐구 필요성은 더욱 커지고 있습니다. 인공지능의 원리나 구조 등 과학적인 지식을 탐구하는 것도 중요하지만, 인공지능과 함께 살아갈 미래를 그려보고, 인공지능 윤리에 대해 고찰해 보는 과정 역시 반드시 수반되어야 할 과제입니다. 이 책은 인공지능의 개념과 발전 역사, 인공지능 윤리 등을 전반적으로 다루고 있어 인공지능에 대한 폭넓은 이해를 돕습니다.

저자는 인공지능의 미래에 대해 세 가지 시나리오를 제시합니다. 첫 번째는 기계가 알고리즘으로 세상의 모든 정보를 스스로 학습하고 어느 순간 자각해 인간을 뛰어넘는 경우입니다. 두 번째는 기계가 인간 뇌의 모든 작동과 기능을 스캔해 똑같이 구현하는 경우입니다. 세 번째는 기계가 인간 뇌와 융합해 생물학적 뇌 기능을 보완하고 향상시켜 AI와 공존하는 경우입니다. 자신을 자각하며 인간을 뛰어넘는 초지능의 출현을 말하는 많은 학자와 전문가들은 초지능이 진화 과정에서 결국 인간의 뇌와 연결돼 상호보완하며 함께 진화할 것이라고 예측합니다. 여러분의 생각은 어떤가요?

이에 저자는 인공지능과의 공존을 전 지구적으로 고민하고 준비해야 한다고 말합니다. 인간이 '뇌와 뇌의 연결', 즉 지식과 정보를 습득하고 공유하는 과정을 거쳐 눈부신 문명의 발전을 이루었다면, 이제는 인공지능과 인간의 연결이 미래 사회의 핵심이라고 이야기합니다. 그러므로 인간과 인공지능이 밀접해지면서 나타나는 사회적 문제를 인공지능 윤리에 대한 논의를 통해 다루어야 한다고 말합니다. 그리고 전문가와 글로벌 기업들이 중요하게 다루고 있는 다섯 가지 질문을 우리에게 제시합니다.

인공지능의 통제권을 어디까지 제한해야 할까? 인공지능이 인간의 정보를 어디까지 알아도 될까? 인간 평가를 인공지능에게 맡겨도 될까? 인공지능의 원리를 얼마나 투명하고 설명 가능하게 공개할 것인가? 인공지능 기술 혜택이 일부에게만 주어져도 괜찮을까?

이 질문들이 여러분의 지적 호기심과 탐구심을 자극할 것이라 생각합니다. 이에 대해 여러분의 생각을 정리해 보고, 다른 친구들과 토론해 봅시다. 미래 사회를 준비하는 사회의 구성원으로서 역량을 잘 보여줄 수 있을 것입니다.

인간과 인공지능의 공존은 거부할 수도, 회피할 수도 없습니다. 과연 앞으로 다가올 미래 사회는 어떻게 펼쳐질까요? 토마스 모어의 〈유토피아〉가 될지, 아니면 〈1984〉와 〈멋진 신세계〉의 '디스토피아'가 될지 여러분의 생각이 궁금합니다.

생기부 후속 활동으로 확장하기

- 일상생활에서 인공지능을 사용한 경험을 떠올려 보고, 이후 달라진 생활 양상에 대해 고찰해 보자.

- 인간과 인공지능이 공존하기 위해서 갖추어야 할 전제

조건을 생각해 보자.

– 앞서 이야기한 인공지능 윤리에 관한 다섯 가지 질문(인공지능의 통제권을 어디까지 제한해야 할까? 인공지능이 인간의 정보를 어디까지 알아도 될까? 인간 평가를 인공지능에게 맡겨도 될까? 인공지능의 원리를 얼마나 투명하고 설명 가능하게 공개할 것인가? 인공지능 기술 혜택이 일부에게만 주어져도 괜찮을까?)에 대해 스스로 생각해 보고, 다른 친구들과 토론해 보자.

♣ 관련 학과

모든 학과

♣ 같이 읽으면 좋은 책

《AI 이후의 세계》(헨리 A. 키신저, 에릭 슈미트, 대니얼 허튼로커 | 윌북 | 2023)

《AI, 질문이 직업이 되는 세상》(최서연, 전상훈 | 미디어숲 | 2024)

《가장 인간적인 미래》(윤송이 | 웨일북 | 2022)

BOOK 31

《경제학이 필요한 순간》

김현철 | 김영사 | 2023

삶을 더 나은 방향으로 향하게 하는 경제학

이 책의 저자는 독특한 이력을 가지고 있습니다. 한국에서 의대를 졸업하고 미국 컬럼비아대학교에서 경제학 박사 학위를 받은 의사이자 경제학자이고, 현재는 홍콩과학기술대학교에서 경제학과 교수로 재직 중입니다. 탄탄대로인 의사라는 직업을 과감히 버리고, 경제학이라는 새로운 학문을 하게 된 계기가 궁금해집니다. 이에 대해 저자는 의사로서 만났던 '사회적 약자'들을 위한 결정이었다고 말합니다. 자신이 가진 것들을 과감히 놓고, 새로운 세계에 뛰어든 이유가 자신의 영달을 위한 것이 아니라 '사회적 약자'들을 위한 결정이었다니 실로 놀라지 않을 수 없습니다.

이 책에서 저자는 경제학적 실험과 분석을 바탕으로 임신, 영유아 교육, 엄마 아빠의 육아 참여, 학창 시절의 친구, 직장 생활과 실직, 황혼 육아, 노인 요양, 외국인 가사도우미 제도 등에 관해 살펴봅니다. 그리고 이러한 경제적 분석 없이 당위와 직관으로만 만들어진 정책들도 살펴봅니다. 특히 우리나라의 복지 정책, 공공 의대가 성공하기 어려운 이유, 인센티브 설계 방법, 노동 생산성의 문제, 양성평등 정책, 코로나 팬데믹 기간의 정책 평가와 학습 불평등에 대해 구체적인 근거를 들어 비판적으로 들여다 봅니다.

이 책에서 다루는 이야기는 뜬구름 잡는 이야기가 아닙니다. 저자는 우리에게 당면한 이슈를 따뜻하면서도 냉철한 시각으로 바라보며, 객관적인 연구 결과를 통해 나아가야 할 방향성을 제시하고 있습니다.

여러분이 가장 궁금해할 만한 '친구'에 관한 내용을 잠깐 살펴보겠습니다. 친구의 성적이 나에게 영향을 미칠까요? 다트머스대학교의 브루스 새서도트 교수가 '룸메이트가 학점에 미치는 영향'에 대해 연구한 결과, 룸메이트 중 한 학생의 학점이 1점 높아지면 다른 룸메이트의 학점이 0.12점 올랐다고 합니다. 그러나 이후 룸메이트와 공간이 분리되니 이 영향은 사라졌다고 합니다. 친구의 영향이 비단 성적에만 영향을 미치는 것은 아니겠죠. 담배를 피울 확률, 정신을 잃을 정도로 술을 마실 확률, 시험 때 부정행위를 할 확률, 심지어 체중이 늘어날 확률도 친구의 영향을 받게 됩니다. 이러한 연구 결과가 우리에게 시사하는 바는 무엇일까요? 이를 통해 우리 사회의 어떤 현상을 해석할 수 있을지 생각해 봅시다.

현재 우리나라는 역대 최저 출생률을 기록하며 인구 감소를 넘어 인구 절벽을 향해 가고 있습니다. 이를 위한 정책들도 다양하게 등장하고 있습니다. 얼마 전 교육부는 초등학교에서 밤 8시까지 학생들을 돌봐주는 '늘봄학교'를 운영한다고 발표했습니다. 신생아 자녀가 있는 부부에게 저리의 대출로 집을 구매할 수 있게 하는 대출 정책도 시행하고 있습니다. 이 책의 경제학적 분석을 바탕으로 우리나라 저출산 정책의 실효성에 대해 나의 생각을 정리해 보는 것도 좋은 경험이 될 것입니다.

생기부 후속 활동으로 확장하기

- 저출생 관련 정책들을 찾아보고, 이에 대한 국민의 인식과 평가를 조사해 보자. 책의 경제학적 분석을 근거로 나만의 정책을 제안해 보자.
- 최근 외국인 가사도우미 제도 도입에 대한 찬반양론이

뜨겁다. 찬성과 반대 입장을 조사해 보고, 자신의 생각을 정리해 보자.

- 우리 사회는 초고령화에 따른 노인 복지 정책의 변화가 필요한 시점이다. 다른 나라의 노인 복지 정책을 찾아보고, 우리 사회에 반영할 수 있는 것들이 있는지 조사해 보자.

♣ 관련 학과

경제학과, 정책학과

♣ 같이 읽으면 좋은 책

《공정하다는 착각》(마이클 샌델 | 와이즈베리 | 2020)

BOOK 32

《돈으로 살 수 없는 것들》

마이클 샌델 | 와이즈베리 | 2012

돈으로 살 수 없는 것과 사서는 안 되는 것들

길게 늘어선 놀이기구 탑승 대기 줄, 지친 사람들 곁으로 유유히 앞질러 지나가는 사람들이 있습니다. 돈을 주고 먼저 놀이기구를 탑승할 권리를 구매한 사람들입니다. 물론 그 권리를 구매해 본 학생들도 있을 것입니다. 하지만 새치기 권리가 과연 '돈'을 주고 살 수 있는 대상일까요?

자유지상주의자나 공리주의자의 입장에서 새치기 권리는 당연히 거래가 가능한 대상일 것입니다. 개인의 자유를 존중하고, 구매자와 판매자 모두 행복해지는 행위이기 때문입니다. 그렇다면 도덕성 측면에서도 바람직한 행위라 설명할 수 있을까요? 공정성의 측면에서는 어떤지 여러분의 생각이 궁금합니다.

이 책은《공정하다는 착각》을 통해 우리 사회의 공정성 개념에 반향을 일으킨 마이클 샌델 교수의 또 다른 저서입니다. 2012년에 출간되어 비교적 오래된 책이지만, 현재 발생하고 있는 여러 사회 현상에 대한 문제의식을 북돋우기에 충분하다고 생각합니다. 우리 사회의 중심축으로 성장하고 사회 전반에서 활약하게 될 학생 여러분이 꼭 읽어보면 좋을 책이라 생각하여 선정하게 되었습니다.

이 책은 사회에 만연한 시장 지상주의에 대한 윤리적 고찰을 통해 모든 것을 돈으로 살 수 있다는 생각이 지배적인 우리 사회에 일침을 놓습니다. 특히 전통적으로 비시장 규범이 지배하던 삶의 영역, 즉 건강, 교육, 공공 안전, 국가 보안, 사법 체계, 환경 보호, 스포츠와 여가 활동, 임신과 출산 등에 시장 지향적 사고가 확산되는 현상에 주목합니다. 대표적으로 새치기, 인센티브, 도덕, 삶과 죽음의 시장, 명명권에 대해 구체적으로 파헤칩니다.

저자는 시장 지상주의를 경계해야 하는 이유로 '불평등과 부패'를 지목합니다. 돈으로 살 수 있는 대상이 많아질수록 이는 모든 차별의 근원이 되며, 모든 것에 가격을 매기는 현상은 그것의 근본적인 가치를 오염시키고 퇴색시킨다는 겁니다. 이와 함께 '도덕적 태도와 규범'도 변질시킨다고 설명합니다.

우리 사회에서 돈으로 살 수 없는 것에는 어떤 것이 있을까요? 돈으로 살 수 있지만 사면 안 되는 것에는 또 어떤 것이 있을까요? 한 사회의 구성원으로서 우리는 돈으로 살 수 있는 것과 돈으로 살 수 없는 것을 정하고, 시장의 도덕적 한계에 대해 고찰할 의무가 있습니다. 바로 이 책이 그 논의의 출발점이 되어 줄 것입니다.

생기부 후속 활동으로 확장하기

- '돈으로 살 수 없는 것'과 '돈으로 살 수 있지만 사서는 안 되는 것'에 대해 생각해 보고, 다른 친구들과 생각을 나누어 보자.

- 놀이공원에서의 새치기 권리에 대한 저자의 생각을 참고하여, 나의 생각을 정리하고 다른 친구들과 토론해 보자.

- 모든 것을 돈으로 거래하는 것이 가능한 사회가 존재한다면, 나는 이 사회에 살고 싶은지 생각해 보자. 사회적 분위기, 경제, 법, 제도, 철학, 문화 등 다양한 영역에 대해 예측해 보자.

- 우리나라에 무상교육, 무상급식이 이루어지게 된 이유와 배경에 대해 고찰해 보자. 공교육이 '돈으로 사야 하는 대상'이 된다면 예상되는 사회적 변화를 예측해 보자.

♣ 관련 학과

경제학과, 인문학부

♣ 같이 읽으면 좋은 책

《공정하다는 착각》(마이클 샌델 | 와이즈베리 | 2020)

BOOK 33

《동화경제사》

최우성 | 인물과사상사 | 2018

널리 알려진 동화와 경제사의 절묘한 조합

우리의 상상력을 자극하는 재미있는 동화들이 여기 있습니다. 〈피노키오의 모험〉, 〈걸리버 여행기〉, 〈오즈의 마법사〉, 〈행복한 왕자〉, 〈엄마 찾아 삼만리〉, 〈플랜더스의 개〉…. 이 이야기를 모르는 학생은 거의 없을 것입니다. 끊임없이 재생산되며 우리에게 익숙해진 동화들이죠. 어린이를 위한 이 이야기들이 창작 당시의 경제적 상황까지 반영하고 있다니, 재미있는 접근이 아닐 수 없습니다. 딱딱하고 어렵게만 느껴지는 경제사를 우리에게 친숙한 동화를 통해 이해할 수 있다는 점이 이 책이 가진 매력이라고 할 수 있습니다.

〈오즈의 마법사〉 이야기를 잠시 살펴봅시다. 캔자스주에 사는 도로시라는 소녀가 회오리바람으로 인해 집과 함께 날아가다 오즈의 나라 동쪽 마녀를 깔려 죽게 만듭니다. 그곳에 살던 먼치킨들은 캔자스로 돌아가기 위해서는 '에메랄드 시티'의 '위대한 마법사 오즈'를 찾아가라고 이야기해 주며 도로시에게 작별 선물로 마녀가 신고 있던 은구두를 줍니다. 오즈의 마법사를 만난 도로시는 모험 끝에 캔자스로 돌아가게 됩니다.

저자는 〈오즈의 마법사〉를 '화폐 발행과 유통에 관한 우화'라고 칭합니다. 과연 이 이야기가 화폐와 어떤 상관이 있는 것일까요? 1800년대 후반 미국은 화폐 문제로 골머리를 앓았습니다. 금과 은을 화폐로 유통하다 보니 공급량에 따라 수시로 그 가치가 달라져 혼란스러웠죠. 이에 금만 화폐로 인정하는 '금본위제'가 부상하게 됩니다. 그러나 금본위제는 화폐 부족 사태로 번지며 경기 침체를 불러일으킵니다. 이에 '금, 은 복본위제'를 주장하는 세력이 등장하고, 화폐에 대한 정쟁은 더욱 심화됩니다.

저자는 이러한 경제적 배경을 〈오즈의 마법사〉에 대입해 봅니다. 이야기 속 공간적 배경은 혼란스러운 미국 사회를 상징하고, 도로시를 캔자스로 데려다주는 '은구두'는 세상을 풍요롭게 만들어 줄 '은화'를 상징하는 것이라고요. 이러한 해석이 신선하고 재미있게 다가오며 어려운 경제 개념을 쉽게 파악할 수 있게 돕습니다.

이 책은 이 외에도 14편의 동화를 다룹니다. 〈피노키오〉는 이탈리아의 '파시즘'과 연결되고, 〈아기 노루 밤비〉는 반유대인 정서를 보여줍니다. 〈엄마 찾아 삼만리〉에서는 아르헨티나의 이주노동자 문제를 살펴볼 수 있습니다. 이 책을 통해 동화 속 숨은 이야기를 발견하는 재미를 느껴보길 바랍니다.

생기부 후속 활동으로 확장하기

– 이 책은 주로 외국 동화를 중심으로 세계사와 경제사를 살펴보고 있다. 우리나라의 전래 동화 또는 고전 소설들을 떠올려 보고, 시대상을 반영한 내용을 탐색해 보자. 이 내용을 바탕으로 한 편의 보고서를 작성해 보자.

♣ 관련 학과

경제학과, 역사학과

♣ 같이 읽으면 좋은 책

《세계 경제학 필독서 50》(톰 버틀러 보던 | 센시오 | 2023)

《숫자 없는 경제학》(차현진 | 메디치미디어 | 2023)

BOOK 34

《플랫폼 경제, 무엇이 문제일까?》

한세희 | 동아엠앤비 | 2021

플랫폼 기업이 우리 사회에 미치는 영향

스마트폰으로 손가락을 몇 번 움직이면 음식이 배달되고, 택시를 호출할 수 있으며, 마트에서 산 물건들이 몇 분 만에 집 앞에 도착하는 세상이 되었습니다. 전통적인 경제와는 전혀 다른 방식의 경제 질서가 새롭게 탄생하는 과정에 있다고 해도 과언이 아닙니다. 우리가 이렇게 빠르게 변화하는 세상 속에서 현명하게 살아가기 위해서는 새로운 경제를 만들어 가는 주체에 대해 이해할 필요가 있습니다.

저자는 편리한 플랫폼 기업의 성장 이면을 들여다보며

'몇 안 되는 플랫폼 기업의 사업 방식이나 경제 논리에 대다수 사람이 영향을 받고 휘둘리는 것이 정당한가?'와 같은 의문을 가집니다. 그리고 이러한 문제의식 아래 세상의 변화 흐름을 이해하고 최대한 활용하여 자신의 미래를 준비하자고 이야기합니다.

혹시 '공유 경제', '플랫폼 경제', '온디맨드 경제'라는 말을 들어보았나요? 저자는 '우버'의 예를 들어 이 개념들을 설명합니다. 우버는 내 차를 쓰지 않을 때 다른 사람을 위해 운전해 주고 돈을 번다는 점에서 '공유' 서비스입니다. 또한 사용자가 모바일앱으로 호출하면 즉각 가장 가까이 있는 차가 빠르게 온다는 점에서 '온디맨드' 서비스이며, 기사와 손님을 연결해 준다는 점에서 '플랫폼' 서비스 입니다.

이처럼 새롭게 등장한 공유 경제, 플랫폼 경제는 과거 제조업 중심의 전통적 경제구조와는 다른 새로운 사회를 만들어내는 원동력으로 작용하고 있습니다. 이 책은 공유 경제와 플랫폼의 편리함을 세상에 처음 알린 우버와 에어비앤비의 사례를 분석하고, 이들이 세상에 미친 영향과 그 한계에 대해 이야기합니다. 이들이 등장하게 된 사회적 배경, 창업자들의 이야기, 현재 기업의 가치 등을 제시하여 기업을 이해하는 데도 도움을 줍니다.

저자는 이러한 기업들이 막대한 투자를 바탕으로 적자를

감수하면서도 '네트워크 효과'에 집중한다고 설명합니다. 이는 상품과 서비스의 가치가 그 사용자 수에 영향을 받는 현상으로, 이점과 약점이 공존합니다. 책을 읽으며 플랫폼 기업의 경쟁 구도를 살펴 보고, 현재 가장 강력한 '네트워크 효과'를 누리고 있는 기업이 어떤 기업인지 생각해 보는 것도 좋겠습니다.

이 책은 또 플랫폼 기업들이 어떻게 세상을 바꾸었는지를 실제 기업 사례를 통해 설명합니다. 이와 함께 '플랫폼 노동자는 아르바이트생일까, 프리랜서일까?', '우리의 삶이 플랫폼 알고리즘에 지배당하고 있는 것은 아닐까?', '빅테크 플랫폼 규제는 정당할까?' 등의 질문을 던집니다.

책을 읽다 보면 우리가 흔히 이용하는 플랫폼 기업인 쿠팡, 배달의 민족, 카카오톡, 아마존, 요기요 등이 등장하여 친숙한 느낌이 듭니다. 우리 생활 속에 깊숙이 침투해 있는 기업들이기에 기업에 대한 설명이나 경영 전략이 등장할 때 이해하기도 쉽습니다. 이 책을 읽으며 우리 사회의 필연적인 변화의 흐름을 이해하고, 이러한 변화로 말미암아 도래할 미래 사회를 예측해 보는 시간을 가져 보길 바랍니다.

생기부 후속 활동으로 확장하기

- 이 책은 2021년 출간된 책으로, 최신 기업 정보가 반영

되어 있지 않다. 책에 언급된 기업들이 현재 진행하고 있는 사업의 특장점을 신문 기사, 보도 자료 등을 통해 스스로 찾아보고, 각 기업의 전략과 미래 가치에 대해 생각해 보자.

- 나 또는 우리 가족이 사용하는 플랫폼 기업을 모두 조사해 보고, 우리가 생활 속에서 플랫폼 기업에 얼마나 의존하는지 이야기 나누어 보자. 플랫폼 기업이 등장하기 이전의 경제생활과 이후의 경제생활이 얼마나 달라졌는지 이야기 나누어 보자.

♣ 관련 학과

경제학과, 경영학과, 사회학과

♣ 같이 읽으면 좋은 책

《플랫폼 경제와 공짜 점심》(강성호 | 미디어숲 | 2021)

BOOK 35

《장하준의 경제학 레시피》

장하준 | 부키 | 2023

음식을 통해 말하는 경제 이야기

저자 장하준 교수는 세계적인 석학이자 영국 캠브리지대학교 경제학과 교수로 《나쁜 사마리아인》, 《장하준의 경제학 강의》 등 대중을 위해 경제학의 원리를 이해하기 쉽게 쓰는 것으로 유명한 작가이기도 합니다. 이 책에서도 저자는 마늘에서 초콜릿까지 18가지 식재료와 음식 이야기를 우리에게 밀접한 경제 현안에 연결하여 쉽고 흥미롭게 설명해 줍니다. 경제학을 어렵게 느끼는 이들도 쉽게 경제학에 접근할 수 있는 책입니다.

저자에 따르면, 1970년대까지만 해도 경제학은 서로 다른 비전과 연구 방법을 자랑하는 다양한 '학파'가 공존했다고 합니다. 굵직한 학파만 해도 고전학파, 마르크스주의, 신고전학파, 케인즈학파, 개발주의, 오스트리아학파, 슘페터학파, 제도주의, 행동주의 등이 있었고, 학자들도 상호 교류하는 분위기였다고 합니다. 하지만 1980년대 이후 신고전학파 경제학이 주류가 되어 버렸다고 합니다. 이제 경제학과 신고전학파 경제학을 동의어로 이해하는 사람이 많을 정도라고 합니다.

경제학은 우리 삶에 엄청나게 크고도 직접적인 영향을 끼친다고 저자는 말합니다. 실제로 경제학 이론은 세금, 복지, 지출, 이자율, 노동 시장 규제 등 정책에 영향을 주고, 이런 정책은 일자리와 노동 환경, 임금, 대출 상환금에 영향을 줍니다. 경제 체제의 장기적 발전에도 영향을 주지요.

경제적 변수만이 아닙니다. 경제학은 우리의 정체성도 변화시킨다고 합니다. 그 시대에 가장 영향력 있는 경제학 이론은 동시대인들이 무엇을 가장 중요한 '인간의 본질'로 생각하는지에 영향을 준다는 겁니다. 인간을 이기적 존재로 보는 신고전학파 경제학이 지난 몇십 년 동안 세계를 주름잡으면서 자기중심적이고 이기적인 행동이 정상적인 것으로 받아들여지게 되었다고 저자는 말합니다. 저자는 경제학이 소득, 일자리, 연금보다도 훨씬 더 근본적으로 다양한 면에서 우리에게 영향을 주며, 그렇기에 우리 모두 경제학의 원리를 이해해야 한다고 강조합니다.

이 책에서는 하나의 경제학 이론이 아니라 다원적 경제학 이론으로 경제 정책의 정치적 영향을 논의하며 현재의 경제 질서에 대한 현실적인 대안을 탐구해 나갑니다. 특히 가난과 부, 성장과 몰락, 자유와 보호, 공정과 불평등, 제조업과 서비스업, 민영화와 국영화, 규제 철폐와 제한, 금융 자유화와 금융 감독, 복지 확대와 복지 축소 등 우리에게 밀접한 경제 현안들을 다양한 식재료와 음식을 실마리로 풀어냅니다. 경제와 관련한 각종 고정 관념, 편견, 오해를 깨기도 하고, 어떻게 하면 더 공정하고 함께 잘 사는 세상을 만들 것인지 그 비전을 함께 제시합니다.

경제학을 어렵게 느끼는 학생도 이 책을 읽다 보면 경제학에 흥미를 느끼게 될 것입니다. 경제학이 우리 삶에 얼마나 깊숙이 관여하고 있는지, 많은 학생들이 깨닫는 계기가 되길 바랍니다.

생기부 후속 활동으로 확장하기

- 유교 문화권 국가의 사람들이 교육열이 강하다는 것은 익히 알려진 사실이다. 저자는 이러한 교육열의 원인이 공자

가 학식을 강조해서가 아니라 교육을 통한 계층 이동이 가능하기 때문이라고 말하고 있다. 이에 대한 근거를 찾아 보고서로 작성해 보자.

- 책에 나온 사례처럼, 19세기에 진행된 기술 혁신으로 인해 원자재 수출길이 막혀 국가 경제에 타격을 입은 사례를 구체적으로 조사해 보자.

- 책에 나온 사례처럼, 고도의 기술력을 갖춰 자연의 한계를 극복하며 발전한 나라의 사례를 찾아 보고서를 작성해 보자.

- 경제학적 신화의 가장 좋은 예로 꼽히는 영국, 미국의 자유무역 등 자유시장 정책에서 '자유'라는 말의 의미를 살펴보고, 이들이 펼친 정책이 진정한 '자유'의 의미에 부합하는지 근거를 들어 자기의 생각을 논리적으로 펼쳐보자.

- 가난한 나라는 흔히 우리가 생각하는 것처럼 열심히 일하지 않아서 가난한 것일까? 아니면 구조적인 요인이 있는 것일까? 그 이유를 구체적으로 찾아서 서술해 보자.

- 저자는 최고의 경제학자라면 더 균형 잡힌 시각을 갖추기 위해 다양한 이론을 조합할 수 있어야 한다고 말한다. 이 책의 저자처럼 다양한 이론을 조합한 경제학적 분석 사례를 찾아 보고서를 작성해 보자.

♣ 관련 학과

경제학과, 경영학과, 인문학부

♣ 같이 읽으면 좋은 책

《삶의 무기가 되는 쓸모 있는 경제학》(이완배 | 북트리거 | 2019)

BOOK 36
《가르칠 수 없는 것을 가르치기》

이병곤 | 서해문집 | 2022

대안학교에 대한 새로운 시각

이 책은 대안학교의 대표 주자로 불리는 제천간디학교의 이병곤 교장 선생님이 쓴 교육 에세이입니다. 저자는 이 책을 통해 대안 교육이 나아가야 할 방향과 현재 겪고 있는 어려움, 그리고 자신만의 교육 철학을 밝힙니다. '지금 여기' 교사와 학생, 부모 모두에게 꼭 필요한 교육의 본질을 담아내고자 하는 저자의 진심이 느껴지는 책입니다.

대안학교는 초중등교육법에서 "학업을 중단하거나 개인적 특성에 맞는 교육을 받으려는 학생을 대상으로 현장 실습

등 체험 위주의 교육, 인성 위주의 교육 또는 개인의 소질 적성 개발 위주의 교육 등 다양한 교육을 하는 학교"라고 정의합니다. 즉, 자유롭고 다채로운 교육뿐 아니라 학업을 중단했다는 것을 명시한 것은 결국 공교육과의 상보적 관계를 강조한 것입니다.

하지만 2022년 현재 한국의 대안 교육은 위기를 맞이하고 있다고 저자는 말합니다. 왜냐하면 대안학교 학생들도 현실적으로 상당수가 입시를 치르다 보니 대입과 경쟁 교육 체제를 유지하면서 동시에 대안학교가 추구하는 교육의 근본 목적을 달성하기란 매우 어렵기 때문입니다. 대안학교가 갈 길을 잃었다는 표현이 나오는 이유이기도 합니다.

저자는 인간 삶에서 갖춰야 할 대부분의 역량과 자질은 시험에 나오지 않는다며, 교과목 대신 학습 방법을, 경쟁 대신 협력을, 강제 대신 자발성을 강조하면서 인간이 가져야 할 중요한 특성과 자질을 어떻게 발현하도록 도울 것인가 고민해 온 공간이 바로 대안학교였다고 말합니다. 그리고 저자는 학교와 교육과정의 다양성을 열어두고, 공교육과 대안 교육이 서로에게 듬직한 협력자가 되어주어야 한다고 말합니다.

실제 기성세대와 제도 교육은 아이들이 알고 싶어해도 배움의 목적을 제대로 말해주지 않는 경우가 많습니다. 학생이 시도할 마음이 생길 때까지 기다려주지도 않고, 시험을 통해 판단하며 다그치기 일쑤입니다. 이러한 학교에서 아이들은 자존감을 잃어갑니다. 코로나19 팬데믹으로 등교하지 못했던 아이들이 친구나 급식은 그리워해도 교과 수업이나 선생님과의 교감에 목말라하지 않았던 것은 우리 교육의 민낯을 그대로 드러낸 것이라고 볼 수 있습니다. 저자는 시대적 성찰을 통해 학교의 존재 이유를 찾고, 모든 아이의 성장을 보장하는 행복한 교육 체제를 구체화해야 한다고 말합니다.

학교 현장에 몸담고 있는 주체인 학생들의 행복을 추구하는 것은 어찌 보면 당연한 일입니다. 이 책을 통해 어떻게 하면 행복한 교육 체제를 구체화할 수 있을지 함께 생각해 보면 좋겠습니다.

생기부 후속 활동으로 확장하기

- 우리나라 대안학교의 역사와 현황에 대해 알아보자

- 다양한 대안 교육 방법에 대해 알아보고, 이를 보고서로 작성해 보자.

- 우리의 미래 교육은 어떤 방향으로 나아가야 할까? 올바른 미래 교육의 방향에 대해 토의해 보자.

- 우리가 학교에서 배울 수 있는 건 무엇일까? 학교에서 놓치고 있는 교육의 본질이 있다면 무엇일까? 이에 대해 토의해 보자.

♣ 관련 학과

교육학과, 교육 계열, 사범대학, 교육대학

♣ 같이 읽으면 좋은 책

《리얼 월드 러닝》(김하늬 | 푸른들녘 | 2021)

《가르칠 수 있는 용기》(파커 J. 파머 | 한문화 | 2013)

BOOK 37
《학교 없는 사회》

이반 일리치 | 사월의책 | 2023

우리 시대 학교의 역할은 무엇일까?

이 책은 제목 자체에서 급진성을 보여줍니다. '학교에 가는 것이 당연하다'라고 생각하는 우리에게 '학교 없는 사회'라는 제목은 복잡한 많은 생각거리를 안겨줍니다.

저자 이반 일리치는 대다수 사람에게 학교 교육을 강제하는 것이 오히려 배움의 권리를 빼앗는 일이라고 이야기합니다. 학교뿐만 아니라 현재의 학교 형태를 기반으로 하는 그 어떤 대안적 제도로도 보편적인 교육은 실현될 수 없다고 이야기하지요. 누구에게나 똑같은 시간과 비용을 강요하며 기회는 달리 배분하는 교육이 불평등을 심화하고 시민적 자유를 억압하는 결과를 낳는다는 주장입니다.

보편적 의무교육을 지지하는 사람들과 대다수 교육자는 여전히 학교가 기회의 사다리를 제공하며 사회적 평등에 한 걸음 다가갈 수 있게 해준다고 믿습니다. 하지만 실제 우리가 살아가는 현실은 이와 달라 보입니다. 보편과 평등의 원리 위에 세워진 근대의 공교육이 이제는 졸업장과 성적에 의한 등급 매기기 제도로 변질되어 기존의 불평등을 추인하는 역할을 하는 것이 우리의 또 다른 현실입니다. 교육이 기회의 사다리를 놓아주기는커녕 도리어 부모의 부와 능력에 힘입어 경쟁의 좁은 문을 통과한 이들에게만 사회적 기회를 부여하는 선별적 통과 의례가 되었다는 이야기도 나옵니다. 교육이 빈부격차를 더 벌리고 '부의 대물림'을 정당화하는 절차로 기능한다는 이야기는 씁쓸하기까지 합니다.

현실이 이렇다 보니 급진적으로 보이는 저자의 주장에 귀 기울이게 됩니다. 저자는 교육과정은 언제나 사회적 지위를 배분하는 데 이용되어 왔다고 말합니다. 오늘날 학교는 기회의 평등보다는 기회를 독점적으로 배분하는 곳에 불과하다는 것입니다. 저자는 교육이라는 연결망이 사람들 각자에게 기회를 열어주어 자기 삶의 매 순간을 배움과 나눔과 돌봄의 순간으로 바꿀 수 있게 해줘야 한다고 이야기합니다.

이 책을 읽고 학교의 역할은 무엇인지 다시 한번 성찰해 보는 시간을 가지면 좋겠습니다. 지금보다 훨씬 전 세대 사람인 저자가 말하는 학교에 대한 견해가 과연 지금도 유효할 것인지, 아니라면 그 이유는 무엇인지 고민해 보는 시간을 가져봐도 좋겠습니다.

생기부 후속 활동으로 확장하기

- 학교의 역할은 무엇이라고 생각하는지 자기의 생각을 서술해 보자.
- 학교 교육이 자신의 꿈을 실현하는 데 어떤 도움을 준다고 생각하는지 정리하여 글로 써보자.
- 만일 학교가 없어진다면 어떤 방식으로 교육할 수 있을지 상상해 보고, 미래 사회에서 학교의 역할은 어떻게 바뀔지 생각해 보자.

♣ 관련 학과

교육 계열, 사회학과

♣ 같이 읽으면 좋은 책

《선생님의 목소리: 어느 교사의 고백》(김동진 | 마누스 | 2023)

BOOK 38
《학교의 재발견》

더글러스 다우니 | 동아시아 | 2023

학교가 불평등의 주범이라는 착각

한국 사회에서 학교에 대한 논란은 지금도 끊이지 않고 있습니다. 자식을 조금이라도 더 좋은 학교에 보내기 위해 좋다는 학군지로 이사를 강행하는 모습은 흔한 일입니다. 그 이유는 아마도 학교마다 학업성적의 차이가 존재하고, 그것이 입시 결과에도 영향을 미친다는 생각 때문일 것입니다.

이러한 판단의 저변에는 좋은 학교와 나쁜 학교가 존재하며, 좋은 학교의 시스템이 더 좋고 이로 인해 아이들이 공부를 더 잘할 수 있다는 생각이 깔려있습니다, 이는 학교는 불평등하다고 생각하는 사례의 대표적인 예일 겁니다. 이 책 《학교의 재발견》은 이러한 생각에 정면으로 반박하는 내용을 담고 있습니다.

이 책의 저자가 사는 미국 역시 고소득층 백인 아이들이 많이 다니는 학교가 저소득층 소수인종 아이들이 많은 학교보다 좋은 학교라는 생각이 만연하다고 합니다. 그래서 많은 부모가 자녀를 사립학교에 보내거나 좋은 공립학교가 있는 부자 학군으로 이사가길 원한다고 합니다. 우리나라와 매우 흡사한 모습입니다.

그렇다면 정말로 학교는 불평등하고 사회 안에서 계층 불평등을 결정하는 핵심 요소일까요? 저자는 다양한 과정을 통해 이 전제가 틀렸다는 것을 밝힙니다. 그리고 한 가지를 더 이야기합니다. 바로 가난한 아이가 다니는 학교에서나 부유한 아이가 다니는 학교에서나 배우는 것에는 별반 차이가 없다는 사실입니다.

저자는 〈여름방학 동안 뒤처지는 성적〉이라는 제목의 논문을 읽다가 학교는 부유한 아이들보다 가난한 아이들에게 더 도움이 되며 가난한 아이들이 겪는 불리함을 보완하는 역할을 한다는 것을 깨닫습니다. 논문의 주요 내용은 볼티모어 지역의 고소득층 아이들과 저소득층 아이들 간 수학 실력 격차가 아이들이 학교에 나오지 않는 여름방학 동안에 크게 벌어졌으나 학기 중에는 벌어지지 않았다는 것입니다. 또한 오하이오주립대학교 연구팀이 '불평등이 학교에 다니는 중에 더 빠르게 확대될까, 아니면 학교에 다니지 않을 때 더 빠르게 확대될까'라는 주제로 연구한 결과, 전국 표본자료에서 학교에 다니지 않을 때 더 빠르게 확대된 것으로 나타났다고 합니다.

이러한 결과를 토대로 저자는 학교가 불평등을 확대하는 것이 아니라 오히려 불평등을 줄인다는 새로운 가능성을 이야기합니다. 부유한 아이들과 가난한 아이들 간 인지 능력 차이는 유치원에 들어가기 전부터 이미 존재하며, 초등학교에 들어간 후에는 크게 벌어지지 않는다고 합니다. 실제로 성취도 격차의 상당 부분은 유치원 진입 시점부터 나타나고 불평등은 매우 이른 시기부터 발생한다는 겁니다.

결국, 앞선 연구 결과와 조합해 보면, 불평등의 동력은 학교가 아니라 학교 밖에 있다는 점이 분명해집니다. 교육 격차는 학교에서 생기는 것이 아니라 학생의 가정 및 사회 환경에서 비롯되는 것이며, 학교는 불평등을 유발하는 주범이 아니라 오히려 불평등을 줄이는 '해법'의 공간이라는 것입니다. 저자는 진심으로 교육 불평등을 줄이고자 한다면, 소득 불평등과 같이 지난 수십 년 동안 심화되고 있는 학교 밖의 불평등을 줄여야 한다고 말합니다.

이 책을 통해 우리가 학교에 대해 가지고 있는 편견은 무엇인지 되돌아보고, 학교가 불평등을 확산하는 곳인지, 교육을 재분배하는 곳인지 깊이 생각해 보면 좋겠습니다.

생기부 후속 활동으로 확장하기

- 1966년 작성된 '콜민 보고서'에 대해 알아보고, 이 보고서에서 주장하는 학교의 역할은 무엇인지 조사해 보자.

- 우리 사회도 교육에 있어 학군을 매우 중요하게 여기는 분위기다. 학군이 좋다는 지역의 학교는 정말 좋고, 그렇지 않은 지역의 학교는 나쁜 것일까? 아니라면 그 이유는 무엇인지 자신의 의견을 논리적으로 서술해 보자.

- 학교가 교육 불평등을 심화시키고 있는지 축소시키고 있는지 자기의 경험을 바탕으로 의견을 서술해 보자.

♣ 관련 학과

교육 계열, 사회학과

♣ 같이 읽으면 좋은 책

《생각이 보이는 교실》(론 리치하트, 마크 처치, 캐린 모리슨 | 사회평론아카데미 | 2023)

《최재천의 공부》(최재천, 안희경 | 김영사 | 2022)

BOOK 39
《법정의 얼굴들》

박주영 | 모로 | 2021

재판정 뒤 서사를 발굴하고 기록하는 판사

이 책의 저자는 지방법원 부장판사로 일하고 있는 현직 판사입니다. 이 책에서 저자는 재판을 하면서 만난 이들, 다양한 이유로 형사법정에 오게 된 이들의 서사를 담담히 글로 풀어냅니다.

저자는 오랜 재판 과정에서 사법절차가 생각보다 무력하다는 점을 깨달았다고 합니다. 이미 죽었거나, 이미 사기당한 사람의 현재는 재판을 통해 되돌릴 수 없기 때문입니다. 재판은 오직 해당 사건에만 효력을 미칠 뿐 어떤 범죄도 미리 막을 수 없으며, 형사재판이 단죄하는 건 국가나 사회가 아니라 이미 발생한 오직 한 사건, 한 개인뿐이라는 것입니다.

사실 법정 밖 사람들에게 형사법정은 유무죄를 가리는 곳에 지나지 않습니다. 구속, 무죄, 유죄, 선고, 징역, 재판, 형량…. 형사법정에 올라온 사건들은 주로 한 단어나 문장으로 정리됩니다. 하지만 기사 한 줄과 형량 너머로 법정에는 뭉개지고 흐려진 '얼굴들'이 존재한다고 저자는 말합니다.

만약 재판을 바라보는 누군가가 그것을 기록하지 않는다면 사건의 실체는 영영 정확히 파악할 수 없을지도 모릅니다. 자신이 기록하지 않으면 자기가 본 세상의 일부가 사라진다고 여긴 저자는 '판단자'임과 동시에 '관찰하고 기록하는 자'를 자처합니다.

이 책에 나와 있는 수많은 재판의 사례에는 모두 사연이 있습니다. 안타깝고 슬픈 감정으로 잠시 소비되고 마는 피해의 이면에는 구체적인 삶의 서사가 존재합니다. 저자는 "고통과 슬픔을 넘을 수 있는 유일한 수단은 기억뿐이다. 기록만이 고통과 절망의 시공을 건너가는 단 하나의 길"이라고 말합니다. 그러면서 "서사가 풍부하고 넓을수록 서정도 크고 짙어지므로, 결국 우리가 먼저 할 일은 묘사할 수 없는 서정을 상상하고 표현하는 것이 아니라, 묻혀있는 수많은 서사를 추적하고 발굴하는 일"이라고 이야기합니다.

서로 옳다며 싸우고 모두가 불의해서 정의가 사라진 부조리한 사회에서 우리가 가져야 할 올바른 태도는 무엇일까요? 저자는 "불의한 세상에서 홀로 싸우는 개인을 방치하지 않는 것, 단 한 명도 희생시키지 않는 것"이라고 말합니다. 저자처럼 보이지 않는 서사를 꼼꼼히 기록하고 함께 아파하는 것이 우리가 할 수 있는 최선의 일일지도 모릅니다.

이 책을 읽으며 범죄로 인해 피해받아 힘든 시간을 견뎌내고 있는 사람들의 이야기에 귀 기울이면 좋겠습니다. 그리고 우리가 그들에게 해줄 수 있는 것은 무엇일지 법조인을 꿈꾸는 사람으로서, 혹은 한 인간으로서 생각해 보는 시간을 가지면 좋겠습니다.

생기부 후속 활동으로 확장하기

- 형벌의 목적은 무엇일까? 응보를 통한 정의 구현일까, 범죄 예방과 피고인의 교화일까? 현대 형사정책에서 과연 이 두 가지 목적이 차지하고 있는 부분은 각각 어느 정도일지 자신의 생각을 논리적으로 서술해 보자.
- 사형제 존폐 문제에 대해 자신의 의견을 서술해 보자.
- 법으로 해결할 수 없는 피해자의 마음의 상실과 상처를 회복시키기 위해 어떠한 노력과 사회적 지원이 필요할지 생각해 보자.

♣ 관련 학과

법학과, 인문학부, 경찰학부, 범죄심리학과

♣ 같이 읽으면 좋은 책

《어떤 양형 이유》(박주영 | 모로 | 2023)

《인공지능시대: 법관의 미래는?》(오세용 | 박영사 | 2022)

BOOK 40
《헌법에 없는 언어》

정관영 | 오월의봄 | 2021

헌법에 관한 가장 기본적인 이야기

보통 사람들은 헌법이 모든 법 중 최고의 법이라고 생각합니다. 법 중에서도 가장 신성한 느낌, 불가침조약같은 느낌을 받는 것이죠. 너무 대단하게 느껴져서 인지 몰라도 헌법은 매우 추상적으로 여겨집니다. 정의의 기준이 필요한 어떤 순간에만 소환되어야 할 것으로 생각하기도 합니다. 하지만 이 책의 저자는 '헌법 정신'이니 '헌법적 가치'니 하는 말로 헌법을 뜬구름과 같은 무언가로 만드는 태도를 경계해야 한다고 말합니다. 헌법은 실제 규범력이 있는 법이고, 따라서 이를 잘 알아야 할 뿐 아니라 구체적으로 우리의 삶 안에서도 헌법의 효능감을 느낄 수 있어야 한다는 것이 저자의 생각입니다.

이 책의 저자는 "국민이라면 누구든지 헌법과 기본권을 쉽게 언급할 수 있길 바라는 마음"에서 "둥둥 떠다니는 헌법 개념을 논리의 틀에 꿰어서 적었다"고 말합니다. 머릿속을 맴도는 정신이나 추상적인 가치로만 규정한다면 헌법을 우리 현실 삶에 가까이할 수 없다는 것입니다. 헌법은 생활에서 구현되는 최고의 법일 뿐 아니라 우리가 유일하게 합의한 공동체의 언어입니다. 그러므로 자신의 주장을 헌법에 근거해 설명하고 상대가 가진 의견을 듣고 토론하고 이해하는 과정을 경험할 때 거대한 헌법의 구체적인 모습을 더 잘 알게 될 것이라고 말합니다.

이 책에는 다양한 판례와 그에 따른 저자의 주관적인 해석이 나옵니다. 특히 주위에서 벌어지고 있는 일상 이야기에 대한 법리적인 해석으로 흥미를 더해 줍니다. 책을 읽을 때는 헌법이라는 절대적인 명제의 기반하에서 어떻게 판결이 나왔는지 비판적인 태도로 읽는 자세가 필요합니다. 이 책을 통해 헌법에 대해 깊이 알아가는 의미 있는 시간이 되면 좋겠습니다.

생기부 후속 활동으로 확장하기

- 법률 제정이 사회 인식이 바뀌는 데 영향을 주는 것일까? 아니면 사회적 인식이 법률 제정에 영향을 주는 것일까? 자기의 생각을 서술해 보자.

- 만일 자신이 이 책에 등장하는 '워킹맘 채용 거부 사건'의 대법관이라면 어떻게 사건을 판단할지 생각해 보고, 그 구체적 근거에 대해 토론해 보자.

- 이 책에 등장하는 '카트리나 시점'이 무엇인지 찾아보고, 우리 사회에서 이에 해당하는 사례를 조사해 그 재발 방지책에 대해 서술해 보자.

♣ 관련 학과

법학 계열, 인문 계열

♣ 같이 읽으면 좋은 책

《지금 다시, 헌법》(차병직, 윤재왕, 윤지영 | 노르웨이숲 | 2022)

《대한민국에서 가장 쉽게 쓴 민법책》(오수현 | 시원북스 | 2023)

BOOK 41

《위로의 미술관》

진병관 | 빅피시 | 2022

지친 하루의 끝, 나만을 위해 열려 있는

우리는 매일 좌절을 경험하고 외로움을 느끼고 때때로 상처받습니다. 이해받지 못하고 이해할 수 없는 일들을 겪으며 마음의 문을 닫기도 합니다. 예술가들도 마찬가지입니다. 위대한 예술가들의 삶을 찬찬히 돌아보면 그 누구도 쉬운 삶을 산 이는 단 한 명도 없습니다. 부족해서, 고통스러워서, 누구도 알아주지 않아서, 너무 늦어서…. 오히려 모든 절망을 경험했기에 모두를 위로할 수 있었던 예술가들입니다.

프랑스에서 공인문화해설사로 일하고 있는 저자는 자신

만의 해석으로 그림에 말을 겁니다. 그렇게 스물두 명 화가의 이야기를 한 권의 책에 담았습니다. 저자는 극도의 절망과 시련을 겪으면서도 끝내 포기하지 않고 그림을 그릴 수 있었던 예술가들의 힘의 근원은 무엇인지 알고 싶은 개인적인 마음에서 출발하여 이 책을 쓰게 되었다고 말합니다.

그림은 그림을 그린 작가의 생각도 중요하지만, 그것을 감상하는 독자의 마음도 중요합니다. 모든 예술이 그렇겠지만, 어떤 일정한 틀에 갇혀서 그림을 감상하기보다는 남들과는 조금은 다른 시선으로 자신만의 견해를 곁들일 수 있는 것이 진정 그림을 대하는 자세가 아닐까 싶습니다.

예술 작품이 우리의 삶에 필요한 이유는 다양합니다. 이 책은 그중에서도 '위로'에 초점을 맞추고 있습니다. 저자는 '너무 늦었다고 생각되는 날의 그림들', '유난히 애쓴 날의 그림들', '외로운 날의 그림들', '휴식이 필요한 날의 그림들'이라는 소제목 아래 작가와 작품 이야기를 전해줍니다. 마치 지친 하루를 보낸 내게 위로를 전해주는 듯합니다. 이러한 분류는 저자 개인의 생각이 담긴 분류라고 볼 수 있습니다. 이렇듯 자신만의 방법으로 예술을 향유하고 삶의 범주를 넓혀가는 것은 예술과 삶을 풍요롭게 하는 좋은 태도라 할 수 있습니다. 이 책을 통해 나에게 위로나 행복을 주는 작품이 무엇인지 생각해 보는 것도 좋겠습니다.

생기부 후속 활동으로 확장하기

- 나에게 위로를 준 미술 작품을 소개하고, 그 이유를 서술해 보자.

- 예술이 가지는 다양한 의미와 역할에 대해 알아보고, 이를 바탕으로 논리적 글쓰기를 해보자.

- 예술 작품이 우리 사회에 기여하는 부분이 무엇인지 생각해 보고, 구체적으로 서술해 보자.

♣ 관련 학과

미술 계열, 인문 계열

♣ 같이 읽으면 좋은 책

《하루 한 장, 인생 그림》(이소영 | 알에이치코리아 | 2023)

《서랍에서 꺼낸 미술관》(이소영 | 창비 | 2022)

BOOK 42
《책읽기의 달인, 호모 부커스》

이권우 | 오도스 | 2022

삶을 변화시키는 책 읽기

현대 사회에서 책 읽기는 점점 경시되는 분위기입니다. 하지만 동시에 그 어느 때보다 중요하게 여겨지는 영역이기도 합니다. 인간만이 유일하게 할 수 있는 것이 바로 독서이기 때문입니다.

《책읽기의 달인, 호모 부커스》는 지식 습득을 위한 책 읽기를 넘어, 내 인생의 변화와 사회적인 소통을 위한 책 읽기를 새롭게 제안합니다. 이와 함께 책을 읽는다는 것이 개인에게 어떤 영향을 미치고 사회적으로는 어떤 의미가 있는지 설명합니다.

저자는 책 읽기가 괴롭다고 말합니다. 왜냐하면 책 읽기는 밥숟갈에 먹을거리를 떠서 입에 넣어주는 장르가 절대 아니기 때문입니다. 책 읽기는 우리를 자극하고 성장시킵니다. 사전을 뒤적이게 하고, 다른 책을 찾아보게 합니다. 읽으며 상상하게 하고, 그것이 상징하는 바는 무엇인지 생각하도록 자극합니다. 책은 스스로 완결된 구조를 갖추고 있지 않습니다. 읽는 이가 책을 덮으며 그 의미를 정의할 때야 비로소 완결됩니다. 그래서 모든 사람에게 두루 통하는 독서법이란 없습니다. 읽거나 들은 방법 가운데 설득력 높은 것을 골라 직접 실천하면서 자신에게 맞는 독서법을 찾아내는 것이 중요합니다.

저자는 책 읽기를 '각주의 책읽기'와 '이크의 책읽기'로 나눕니다. '각주의 책읽기'란 자신의 세계관과 감성을 옹호하고 보충하고 지지하는 책을 읽는 행위를 말합니다. 자기 생각을 강화하는 책 읽기라고 할 수 있습니다. 이에 반해 '이크의 책읽기'는 읽다가 속으로 '이크'하고 소리 지를 만큼 지적인 충격을 받는 책 읽기를 의미합니다. 세계관과 감성, 지식을 흔드는 이러한 책 읽기가 나를 더 깊고 넓게 만든다고 저자는 말합니다. 자고로 좋은 책이란 그것을 읽고 났더니 다른 책이 더 읽고 싶어지게끔 자극하는 책이라고 덧붙입니다.

여기에 더해 저자는 그동안 우리가 오로지 읽기 위한 읽기에만 초점을 맞춰왔다고 지적합니다. 이제 읽기 위해 읽는 것이 아니라 쓰기 위해 읽는 것으로 관점을 바꾸어 보자고 제안합니다. 의미의 소비자에 머무르는 것이 아닌 의미의 창조자로 전환하자는 뜻입니다. 읽지도 않는 이들에게 쓰자고 덤비면 다 도망갈 거라며 망상이라 할지도 모르겠습니다. 하지만 쓰는 사람만이 읽는 사람이 되는 법입니다. 부지런히 읽고 쓰다 보면 더 잘 읽고 더 잘 쓰는 놀라운 경험을 하게 될 겁니다. 또한 단순히 혼자 읽는 것을 넘어 함께 읽고 토론하는 과정을 거친다면 책에 담긴 내용을 비판적이고 창조적으로 수용할 수 있게 될 겁니다.

디지털 혁명 시대에 창의력과 상상력이 부의 원천임은 누구도 부정하지 않습니다. 중요한 것은 창의력과 상상력을 어떻게 키워줄 수 있느냐 하는 점입니다. 책이야말로 새로운 시대가 요구하는 힘을 길러주는 '학교'입니다. 변화의 파도가 아무리 높고 거세도 휩쓸리지 않는 것이 있습니다. 바로 '책은 우리의 미래다'라는 표어의 의미입니다.

이 책을 통해 자신만의 독서법을 정립하는 시간을 가지면 좋겠습니다. 책 읽기는 모든 학문의 근본이자 어쩌면 삶에서 가장 중요한 습관입니다. 무엇보다도 풍요로운 삶에 쉽게 접근하게 만드는 치트 키(cheat key)가 될 수 있습니다.

생기부 후속 활동으로 확장하기

- 자신이 읽었던 책 중에 삶을 변화시킬 정도로 큰 자극이 되었던 책을 소개하고 그 이유를 설명해 보자.

- 자신의 진로 분야와 관련하여 급우들에게 추천하고 싶은 책 목록을 구성해 보고, 그 이유에 대해 말해보자.

- 자신의 삶을 성찰하게 만드는 책을 철학적 관점을 바탕으로 설명해 보자.

- 자신만의 책 읽기 노하우를 바탕으로 PPT를 만들어 발표해 보자.

♣ 관련 학과

모든 학과

♣ 같이 읽으면 좋은 책

《닥치는 대로 끌리는 대로 오직 재미있게 이동진 독서법》(이동진 | 위즈덤하우스 | 2022)

BOOK 43
《거인의 노트》

김익한 | 다산북스 | 2023

제대로 기록하는 법을 알려드립니다

당신은 기록하는 삶을 살고 있나요? 학생들도 매일 기록하는 삶을 삽니다. 학습을 위한 기록으로 다이어리, 공부 플래너, 요약 노트 등을 활용합니다. 중요한 일정이나 해야 할 일, 학습 내용 등을 잊지 않고 기억하기 위한 용도입니다. 드물게는 매일 일기를 쓰는 학생들도 있습니다. 이렇게 습관처럼 기록하는 삶을 사는 여러분은 혹시 기록이 가진 의미에 대해 생각해 본 적이 있나요?

이 책은 국내 제1호 기록학자 김익한 교수의 기록에 대한 철학과 노하우가 담긴 책입니다. 책 제목의 '거인'은 저자 본인을 가리키는 것이 아닙니다. 이에 대해 저자는 "난쟁이가 거인의 어깨에 올라타면 거인보다 더 멀리 볼 수 있다"는 명언의 뜻처럼, 자신이 남긴 기록을 바탕으로 누구나 거인이 될 수 있다는 의미를 담고 있다고 설명합니다. 난쟁이를 거인으로 거듭날 수 있게 해주는 것이 '기록'이라니 무척이나 흥미롭습니다. 과연 기록이 나의 삶을 바꿀 수 있을까요?

저자는 기록의 중요성과 가치에 대해 강조합니다. 어제보다 더 성장하기 위해서 기록하고, 기록을 반복하고, 기록의 반복을 지속하라고 합니다. 물론 기록이 쌓인다고 다 내 것이 되는 것은 아닙니다. '기억하지 않기 위해 하는 기록'은 의미가 없겠지요. '기록하고, 되뇌고, 말하는' 방식이 기억을 잘할 수 있게 만드는 방법이라고 저자는 말합니다. 하지만 여기에도 조건이 붙습니다. 기록은 단순히 정보를 그대로 옮겨 적는 것이 아닙니다. 기록할 때는 그저 옮겨 적는 것이 아니라 '자기화'하여 기록해야 합니다.

저자는 기록하는 방법에 대해서도 자세히 설명합니다. 책을 읽으며 키워드에 표시하고, 그 위주로 메모합니다. 이후 키워드들을 요약하여 독서 노트나 독서 카드를 쓸 것을 권합니다. 그대로 베껴 쓰는 것이 아니라, 내용을 떠올리며 기억에 남는 것을 위주로 쓰고 그 키워드들을 가지고 나의 기준과 논리에 따라 서사를 정리해 보는 것입니다. 책을 읽을 때뿐만 아니라, 영상을 통해 정보를 얻을 때도 이러한 방식을 적용해 볼 수 있습니다.

저자는 삶을 변화시키는 기록의 중요성에 대해 설득력 있게 전달합니다. 주요 영역에서 능률을 높이기 위해 어떻게 기록해야 하는지, 특히 공부할 때, 일할 때 기록하는 방법에 대해 저자의 비법을 가감 없이 펼쳐 놓습니다. 이 책을 읽고 그 비법을 실천하며 '기록하고, 반복하고, 지속하는' 삶을 살아간다면, 거인보다 더 멀리 보는, 현명하고 지혜로운 어른으로 성장할 수 있을 것입니다.

생기부 후속 활동으로 확장하기

- 저자가 추천하는 '인생 지도 그리기'와 '자기 역사 쓰기'를 직접 해보고, 자신을 알아가는 시간을 가져보자.(이 활동은 꿈과 진로의 방향성이 아직 명확하지 않은 학생들에게 특히 추천한다. 자신이 살아온 길을 그려보고, 자신의 역사를 써봄으로써 나도 몰랐던 나의 모습을 발견할 수 있을 것이다.)

- 책을 읽고 키워드를 요약하여 독서 카드, 독서 노트를 만들어 보자. 책 내용을 그대로 베껴 쓰지 말고 머릿속으로 떠올린 키워드를 기록하고, 그것을 바탕으로 나만의 서사를 만들어 보자.

- 평소 기록하는 습관을 들여 보자. 이 습관으로 인해 변화하고 성장한 나의 모습에 관해 에세이를 작성해 보자.

♣ 관련 학과

모든 학과

♣ 같이 읽으면 좋은 책

《기록하기로 했습니다》(김신지 | 휴머니스트 | 2021)

BOOK 44
《인간의 흑역사》

톰 필립스 | 윌북 | 2024

이불 킥할 만한 인류의 흑역사 훔쳐보기

지금 와 생각하면 어이없고 바보 같은 선택과 행동을 한 적이 누구에게나 한 번쯤은 있을 것입니다. 자기 전 갑자기 떠올라 이불을 걷어차게 만드는 '흑역사' 말이죠.

일반적으로 역사책은 인간의 장엄하고 위대한 업적을 보여줍니다. 역사책을 읽다 보면 선조들의 희생으로 우리가 존재할 수 있었고 우리도 후손들을 위해 아름다운 미래를 만들어 나가야 한다는 책임감이 무겁게 다가올 때도 있습니다. 하지만 유구한 인간의 역사 속에서 어리석은 선택은 없었을까요? 가장 지적인 존재이자 가장 바보 같은 존재인 호모 사피엔스의 '흑역사'를 관전할 수 있는 흥미로운 책이 여기 있습니다.

이 책은 어이없고 바보 같은 선택과 실수를 반복하는 인류의 역사를 보여줍니다. 실수담과 실패담이 마냥 무겁고 부정적으로 그려지는 것이 아니라, 저자의 해학적인 말투와 촌철살인의 날카로운 풍자 덕에 한 편의 블랙 코미디를 보는 것 같습니다. 그러나 그것에 그치지 않고 여운을 남깁니다. 책장은 술술 넘어가지만, 주변을 둘러보게 됩니다. 현재 또 다른 실수와 실패를 하고 있지는 않은지 세계의 흐름과 우리 사회를 들여다보게 됩니다.

책의 서두에 저자는 인간의 뇌가 얼마나 어리석을 수 있는지에 대해 설명합니다. '패턴 찾기의 오류', '기준점 휴리스틱', '가용성 휴리스틱', '확증 편향', '선택 지지 편향', '집단 사고', '더닝 크루거 효과'와 같이 인간이 인지적 오류를 일으킬 수 있는 이유를 뇌과학, 심리학적 측면에서 짚어줍니다.

이어 인간의 무지와 오만으로 인한 환경의 변화를 비롯하여, 세계를 정복한 지도자들의 황당하고 기이한 행태, 우리 사회의 근간인 '민주주의'의 취약성을 보여주는 다양한 사건과 사고를 이야기합니다. 심각한 전쟁 상황 중의 실수, 식민지 건설과 외교의 실패담, 누구보다 냉철해야 할 과학자들의 편향에 대해서도 흥미진진한 이야기가 이어집니다. 피식피식 웃음이 나는 역사책이라니, 역사에 관심 없는 학생들에게도 매력적으로 다가갈 것이 분명합니다.

이 책을 읽으며 새롭게 알게 되고 관심이 생기는 역사적 사건이 있다면 다른 책과 자료를 더 찾아보길 제안합니다. 단편적인 이해를 넘어 여기에 역사적 깊이를 더한다면 더할 나위 없이 좋은 공부가 될 것입니다.

아무도 미래를 예측할 수 없습니다. 우리에게 주어진 것은 과거뿐이죠. 인간의 한계를 직시하고 과거를 반성하고 성찰하는 것은 우리가 더 나은 미래를 만들어 나갈 수 있는 유일한 방법입니다.

생기부 후속 활동으로 확장하기

- 저자는 책의 말미에 '암호화폐'와 '기후변화'에 대한 화두를 던진다. 이 두 주제로 새로운 장을 직접 써보자.
- 현재 우리 사회에서 '흑역사'로 불릴 만한 요소로는 어떤 것들이 있을지 생각해 보고, 이에 대해 친구들과 이야기 나누어 보자. 다양한 자료를 수집하여 이를 토대로 미래에 어떠한 영향을 미칠지 예측해 보자.
- 책을 읽으며 새롭게 알게 된 사실이나 관심이 가는 역사가 있다면 다른 자료를 찾아 다른 관점으로 바라보며 이해

의 폭을 넓혀 보자. 그리고 이를 종합하여 세계사 신문을 만들어 보자.

♣ 관련 학과

역사학과, 사회학과

♣ 같이 읽으면 좋은 책

《인간의 어리석음에 관한 법칙》(카를로 M. 치폴라 | 미지북스 | 2019)

BOOK 45

《역사가 묻고 지리가 답하다》

마경묵, 박선희 | 지상의책 | 2019

지리 선생님이 들려주는 우리 땅, 역사 이야기

세상의 모든 일은 특정 장소에서 일어납니다. 과거의 일이든 현재의 일이든, 혹은 미래에 일어날 일이든, 인간의 모든 사건은 특정 장소에서 발생하는 것입니다. 이때 '장소'는 특유의 자연환경 속에서 인간의 무구한 삶의 행적이 켜켜이 쌓여서 다른 장소에서는 도저히 찾아볼 수 없는 그곳만의 개성을 만들어 냅니다. 그렇게 만들어진 환경은 다시 그곳에 살아가는 사람들의 삶에 영향을 줍니다. 그래서 특정 사건이나 사실을 이해하려면 그 사건이 일어난 '장소'가 지닌 특성을 살펴보아야 합니다.

지리학은 우리 삶의 배경이 되는 공간, 장소, 지역에 대해 연구하는 학문입니다. 나의 삶에 배경이 되는, 내가 살고 있는 장소에 대한 이해를 통해 우리는 그곳에 먼저 살다 간 사람들의 삶과 함께 현재를 살고 있는 우리 자신이 어떤 사람인지도 잘 이해할 수 있습니다. 나아가 미래의 삶도 그려낼 수가 있습니다. 이 책은 이러한 관점에서 역사를 들여다봅니다. 특히 역사적 사건이 일어난 지역의 지리적 환경을 분석해 봄으로써 역사에 대해 보다 깊이 이해할 수 있게 해 줍니다.

예를 들어 이 책에서는 이순신 장군이 12척의 배로 수백 척의 배를 가진 왜군을 물리쳤다는 사실을 말하는 데 그치지 않고, 그 전투에서 승리할 수 있었던 자연 환경적 배경은 무엇인지 살펴봅니다. 이때 거둔 승리는 리아스식 해안과 해류 지형을 이용한 전략 덕에 가능했습니다. 임진왜란 때 왜장이 권율의 꾀에 넘어가게 된 이유를 독산성의 지형적 특징인 고위평탄면을 바탕으로 설명하기도 합니다. 지리적 관점에서 충실하게 역사를 안내하는 책입니다.

정조가 수원 화성을 만들고 또 운하를 파려 했던 이유를 자연 및 인문 환경적 관점에서 알아보고, 역사에서 크게 주목받지 않았던 보부상들이 어떤 방식으로 장사를 했는지, 우리 조상들의 삶의 일부였던 장시는 왜 생겨났고 어떻게 운영되었는지에 관해서도 살펴봅니다. 이 책을 통해 지리적 관점에서 역사를 살펴보는 눈을 키울 수 있을 것입니다.

학문은 서로 독립적으로 보이지만 유기적인 관계를 맺고 있는 경우가 많습니다. 이 책을 통해 지리학과 역사학의 유기적 관계뿐 아니라 인문학적 요소도 함께 살펴본다면 좋은 시간이 될 것입니다.

생기부 후속 활동으로 확장하기

- 정조가 화성에 신도시를 건설하려고 했던 이유를 알아보고 현대 신도시와의 공통점과 차이점에 대해 조사해 보자.
- 풍수지리적 관점에서 명당과 실학적 관점에서 도시 입지 선정의 차이를 알아보자.
- 보부상들은 어떻게 역사의 숨은 주인공이 되었을까? 이효석의 소설 〈메밀꽃 필 무렵〉에 나온 장돌뱅이의 삶을 바탕으로 보부상들의 삶의 모습에 대해 추측해 보고, 보부상들이 활약할 수밖에 없었던 사회적 배경과 보부상의 역할에 대해 알아보자.
- 보부상들이 상점을 운영하지 못했던 이유를 재화의 도달 범위 및 최소요구치의 관점으로 설명해 보자.
- 보부상들이 역사 속에서 활약했던 사례를 찾아 서술해 보자. (인조가 남한산성 들어갔을 때 식량과 물자를 전달하는 역할, 정조

의 수원성 축조 도움, 병인양요 때 프랑스 군과 싸움. 구한말 외부 치한, 농민 전쟁 등)

- 혼일강리역대국도지도에는 아프리카 대륙의 모양이 담겨 있다. 우리 조상들은 가보지도 않은 아프리카 대륙을 어떻게 유럽인보다 먼저 지도에 담게 되었을까? 문명 교류의 차원에서 이 지도에 담긴 역사적 사실을 찾아 보고서로 정리해 보자.

- 윤동주의 시에 표현된 간도에 대해 찾아보고, 시인의 삶을 추적해 보자. 윤동주 일가가 간도에서 살게 된 경위를 찾아보고, 이를 역사적 관점과 연관시켜 우리나라 백성들이 어떻게 간도로 이주하게 되었는지 알아보자.

♣ 관련 학과

인문학부, 지리학과 역사학과

♣ 같이 읽으면 좋은 책

《별난 사회 선생님의 역사가 지리네요》 (권재원 | 우리학교 | 2022)

BOOK 46
《영화 속 역사 깊은 이야기(한국사편)》

이영춘, 이승엽 | 율도국 | 2020

영화 속에 역사가 숨겨져 있다

이 책은 현직 역사 교사 두 분이 쓴 책입니다. 영화 속에 등장하는 역사적 사건의 진실과 허구를 파헤치고, 역사 속에 '만약에'라는 상상을 더해 가상의 역사를 생각해 보게 하는 등 영화를 통해 한국사를 재미나게 풀어내고 있어 무척이나 흥미롭습니다.

이 책의 저자는 역사를 '시공간의 저주'에 빠져 있는 학문이라고 말합니다. 역사 자체가 이미 지나간 일을 다루는 학문이기 때문에 아무리 상상하고 싶어도 아는 것이 적으면 상상할 수 없는 것이 역사가 가진 한계라는 것입니다. 하지만 역사가 영화를 만나면 달라집니다.

책에 따르면, 영화는 시공간의 저주를 풀어내는 매체입니다. 과거-현재-미래 그 언제, 어디서 벌어지는 일이라도 저당한 소재와 이야기만 된다면 영화로 만들 수 있습니다. 더구나 영화는 상상을 실재처럼 만드는 힘이 있습니다. 그렇기에 역사 속 이야기를 현실처럼 펼쳐내기에 가장 적당하며, 역사의 한계를 해소할 수 있는 최상의 매체로서 역할을 할 수 있는 것입니다.

실제로 글과 이야기로 전해지는 역사적 사건과 인물을 영화로 만나는 것은 매우 흥미진진한 일입니다. 상상만 했던 영웅의 모습과 이름난 전쟁을 눈으로 볼 수 있는 것은 영화가 역사에게 해 줄 수 있는 최고의 선물입니다. 반대로 소재 고갈로 허덕이는 영화 매체 역시, 역사 속에서 다양한 이야기를 마음껏 만날 수 있습니다. 역사와 영화는 이처럼 서로에게 불가분한 필요 존재가 됩니다.

이 책에서는 21편의 영화를 선정하여 소개합니다. 모두 우리 역사를 소재로 제작된 영화들입니다. 영화의 특성상 많은 부분이 가상으로 포장되어 있기도 한데, 저자는 이 포장지를 하나하나 벗기다 보면 역사의 실체에 가까이 다가갈 수 있다고 말합니다. 영화 속에 구현된 역사적 장면을 보며 자신이 알고 있는 사실과 영화 속 장면이 얼마나 일치하는지 살펴보는 것도 이 책을 재미있게 읽는 방법 중 하나입니다.

이 책을 보는 또 다른 포인트는 상상력입니다. 실제 역사에서 가정은 존재하지 않습니다. 하지만 상상은 해볼 수 있습니다. 만약에 이랬다면 역사는 어떻게 흘러갔을까를 생각해 보는 것이지요. 일어나지 않았기에 마음껏 상상할 수 있다는 점에서 가상의 역사는 매우 흥미롭습니다.

특히 영화는 상상력을 발휘하여 역사를 흥미롭게 포장하는 매체입니다. 이 영화적 상상력을 우리도 역사 속으로 가져와 활용해 볼 수 있습니다. 만약 이순신이 존재하지 않았거나 수군을 포기했다면 우리의 역사는 어떻게 흘러갔을까요. 이러한 가정에 근거를 제시하며 가상의 역사를 마음껏 상상해 보는 겁니다. 내가 영화감독이 되어 직접 영화를 만들어 보아도 좋습니다. 역사 속 무궁무진한 이야기는 영화의 다양한 소재가 되기 충분합니다.

이렇듯 책을 읽으며 학교에서 배운 역사적 사실에 다양한 상상력을 접목하는 활동을 해보아도 좋습니다. 이 책에 소개되지 않은, 역사를 소재로 한 다른 영화를 찾아 영화가 구현하고 있는 것과 실제 역사적 사실 간의 차이를 비교하며 탐구해 보는 것도 역사를 이해하는 데 도움이 될 겁니다.

생기부 후속 활동으로 확장하기

- 최근에 본 영화 중 역사적 사건을 소재로 만든 작품을 찾아 그 작품에서 구현된 역사적 사실을 파악해 보고, 만약을 가정하여 이야기를 만들어 보자.

- 영화나 드라마 중 역사적 소재를 바탕으로 만들어진 작품 하나를 선정하여 그 작품이 반영한 역사적 사실이 무엇인지 파악해 보고, 어떠한 측면에서 그 소재를 사용하여 작품을 만들었는지 조사해 보자.

♣ 관련 학과

사학과, 영화과

♣ 같이 읽으면 좋은 책

《영화 속 역사와 현실》(이정호 외 10명 | 지식의날개(방송대출판문화원) | 2017)

BOOK 47

《조선이 만난 아인슈타인》

민태기 | 위즈덤하우스 | 2023

과학 발전의 중요성을 안 현명한 조선의 과학자들

읽으면 읽을수록, 곱씹으면 곱씹을수록 마음을 울리는 감동적인 과학 도서가 있습니다. 이 책은 100년 전, 우리 조상들이 식민지 지배와 전쟁으로부터 온전한 삶 자체가 위협받았던 그때, 그때도 과학은 우리 역사 속에 존재했다는 것을 알게 해줍니다.

'조선'과 '아인슈타인'은 전혀 가까울 수 없는 단어인 것 같이 느껴집니다. 하지만 어려웠던 식민 지배 시기에도 과학의 중요성을 알리기 위해 앞장서던 선구자들이 있었습니다.

우리 민족에게 아인슈타인을 알린 최초의 신문 기사는 1921년 5월 19일자 동아일보 기사였습니다.

> 회생하랴는 유태족이 성지에 대학을 설립
>
> 예수가 난생한 성디 '핼레스타인'을 다시 유대 사람의 손으로 회복하려는 운동은 미국에서 더욱 현저한 중 이 운동의 압잡이로 나선 사람이 두 명인대 한 사람은 서서(스위스)에 국적을 두고 '상대성원리'의 학설을 창도하고 독일 백림대학(베를린대학)에 교편을 잡고 잇든 '아인수타인'박사이요. _《조선이 만난 아인슈타인》 중에서

옛 기사문 안에 '상대성 이론'과 '아인슈타인'이라는 단어가 낯설고 신선하게 느껴집니다. 기사의 주요 내용은 다음과 같습니다. 나라를 잃고 떠돌던 유대인들은 자신들의 나라를 세우기 이전에 성지에 대학을 먼저 세웁니다. 당시 나라를 잃은 우리 민족은 유대족의 방향성에 촉각을 세웠습니다. 우리가 다시 서기 위해서는 유대인과 같이 새로운 학문에 대한 교육이 필요하다는 것을 느낀 것이죠. 그리고 그 중심에 과학, 그리고 아인슈타인이 있었습니다.

아인슈타인이 일본에서 강연한다는 소식이 들리자 민립대학을 추진하던 세력은 아인슈타인을 우리나라에 초청하려

시도합니다. 아인슈타인의 일본 강연 소식을 전하던 동아일보에, 당시 베를린에서 유학 중이던 황진남은 아인슈타인에 대한 특집 기사를 기획합니다. 그는 조선에 상대성 이론을 소개하는 데 앞장섭니다. 지식인이라면 알아야 할 소양으로 아인슈타인과 상대성 이론이 인식되었고, 이 열풍은 다음 해 상대성 이론 대중 강연회로 이어집니다. 대중들에까지 아인슈타인과 상대성 이론이 널리 퍼진 것입니다.

에딩턴의 1923년 저서 〈공간 시간 인력〉은 상대성 이론을 설명하는 최신 도서였습니다. 익명의 기고자는 이 책을 잡지 〈동광〉에 소개하며 다음과 같은 문장으로 글을 마무리합니다.

"왜 권하느냐고요? 조선 사람은 과학을 등한히 하니 그 폐를 교정하자는 것과 무엇보다도 시대에 낙오되지 말어야지요." _《조선이 만난 아인슈타인》 중에서

서재필, 안창호, 여운형, 황진남, 이극로, 우장춘, 최규남, 이태규. 우리나라의 국력과 해방을 위해 과학의 중요성을 널리 알리며, 새로운 시대에 뒤처지지 않기 위해 노력해 온 선구자들입니다. 서양 과학사에 가려져 몰랐던 그들의 이야기를 귀 기울여 들어봅시다.

생기부 후속 활동으로 확장하기

- 책 속에 등장하는 과학자 중 가장 인상 깊은 한 인물을 정하고, 그의 삶과 노력에 대해 집중 탐구해 보자.

- 과학 분야가 한 국가의 성장과 발전에 미치는 영향에 대해 살펴보고, 현재 우리나라 과학 기술 분야에 대한 국가적 지원 실태와 현황 등을 알아보자.

♣ 관련 학과

역사학과, 역사교육학과, 물리학과

♣ 같이 읽으면 좋은 책

《판타 레이》(민태기 | 사이언스북스 | 2021)

BOOK 48
《건축, 근대소설을 거닐다》

김소연 | 루아크 | 2020

근대소설과 건축의 콜라주, 새로운 작품이 되다

이 책은 '소설과 건축의 콜라주로 읽는 근대건축 풍속화' 라는 부제를 달고 있습니다. 콜라주는 별개의 조각들을 붙여 새로운 이미지를 창작하는 미술 기법이지요. 이질적인 조각들을 모아 하나의 통일된 주제를 만들어내는 것이 핵심이라 할 수 있습니다. 이 책은 다양한 '근대소설'의 장면들을 오리고 붙여, '근대건축'이라는 새로운 주제를 표현해 냅니다.

이 책에는 강경애의 〈인간문제〉, 박태원의 〈천변풍경〉, 이기영의 〈고향〉, 채만식의 〈태평천하〉, 현진건의 〈운수 좋은 날〉과 같이 익히 들어본, 우리에게 익숙한 근대소설의 주인공들이 등장합니다. 소설 속에서 튀어나온 주인공들이 이 책 속에서 다시 능동적으로 살아 움직입니다. 예를 들어 소설 〈복덕방〉의 서 참위가 〈태평천하〉의 윤직원에게 가회동의 '도시형 한옥'을 소개시켜 주는 식이죠. 신분 상승을 꿈꾸는 윤직원이 상경하여 집을 구하게 되는 설정을 마련하고, 그 집에서 살아가는 윤직원의 모습을 우리에게 보여줍니다. 마치 〈태평천하〉의 에필로그를 읽는 듯한 느낌이 듭니다.

〈천변풍경〉의 안초시는 부의 상징과 같았던 최신식 '문화주택'을 꿈꾸고, 안초시의 딸은 경성의 복합문화공간인 '부민관'에서 무용공연회를 합니다. 당시 가난한 예술가들이 모였던 '다방', 여공들의 아픔이 담긴 '공장' 등의 공간도 소설 속 인물들의 이야기를 담아내는 공간으로 사용됩니다. 그 이야기 속에서 근대 건축물들의 특징과 의미, 그 속에서 살아왔던 사람들의 모습이 자연스럽게 그려집니다.

이 이야기들을 따라가다 보면 한 편의 잘 짜인 소설을 읽고 있는 느낌이 듭니다. 인물들끼리 얽히고설켜 새로운 이야기를 만들어내고 있기 때문입니다. 더불어 그 당시 건축물의 실제 사진, 항공 사진, 평면도를 보는 재미도 쏠쏠합니다. 이 건축물 중 아직까지 존재하는 건축물이 있을까요? 책 말미 '남은 이야기'에 책 속에 등장하는 건축물들의 이후 역사가 실려 있습니다. 책을 읽고 난 후 아직 남아있는 건축물에 방문해 보는 것도 책이 선사하는 또 하나의 즐거움이 될 것입니다.

생기부 후속 활동으로 확장하기

- 이 책의 아이디어를 빌려, 여러 소설 속의 다양한 등장인물을 데려와 하나의 창작 작품을 만들어 보자. 여러 소설의 세계관이 합쳐지는 상상만으로도 재미있는 경험이 될 것이다.
- 책에 등장하는 근대 건축물에 관한 다른 자료를 찾아 좀 더 깊이 있게 연구해 보자.
- 현재까지 남아있는 건축물들을 찾아가 보고, 당시의 모습과 현재의 모습을 비교해 보자. 그 건축물을 이용하는 사람들의 삶의 모습이 어떻게 달라졌는지 생각해 보자.

♣ 관련 학과

국문학과, 역사학과, 건축학과

♣ 같이 읽으면 좋은 책

《1930 경성 모던라이프》(오숙진 | 이야기나무 | 2021)

《라이더, 경성을 누비다》(김기철 | 시공사 | 2023)

BOOK 49

《다정한 것이 살아남는다》

브라이언 헤어, 버네사 우즈 | 디플롯 | 2021

우리에게 울림을 주는 따뜻한 진화론

따뜻한 제목이 마치 인문 분야 에세이처럼 느껴지지만, 이 책은 엄연히 과학 분야 도서입니다. 인문사회 분야의 책을 소개하는데, 과학 분야라니 조금 생뚱맞은 느낌이라 이 책을 소개할지 말지 고민을 많이 했습니다. 가설을 세우고 가설을 증명해 나가는 방식을 보면 분명 과학 이론을 소개하는 책이 맞습니다. 하지만 여기에 싣기로 결심한 이유는 이 책을 관통하는 메시지와 우리에게 주는 울림이 여느 인문학 서적의 수준을 뛰어넘는다고 판단했기 때문입니다.

우리는 ‘진화론’하면 보통 ‘적자생존’이라는 단어를 떠올립니다. 이 단어는 마치 가장 강인한 종만이 지구상에 살아남고, 나약한 종은 도태된다는 의미로 읽힙니다. 이 책《다정한 것이 살아남는다》는 ‘적자생존’이라는 단어의 이러한 의미를 완벽히 전복시켜 버립니다.

이 책은 개, 보노보, 인간이 진화를 거쳐 이 지구에 살아남을 수 있었던 이유를 과학적인 실험과 분석을 통해 증명합니다. 그것은 바로 ‘자기가축화’라는 단어로 집약하여 표현됩니다. 길들여지고 온순해진 가축이 인간과 함께 살아가듯이, 타종을 배척하고 공격하여 살아남은 것이 아니라 협력하고 소통하였기에 살아남을 수 있었다는 것입니다.

생존 경쟁력만 놓고 본다면 아마 사람 종 중에서 가장 경쟁력이 높았던 종은 ‘호모 사피엔스’가 아닌 ‘호모 에렉투스’, ‘네안데르탈인’이었을지 모릅니다. 그들은 호모 사피엔스보다 육체적으로 강인했고, 도구를 다룰 줄 알았으며, 혹독한 환경 속에서 살아남기에 적합했기 때문입니다. 그러나 ‘호모 사피엔스’만이 멸종하지 않고 살아남을 수 있었던 이유는 바로 ‘다정함’ 때문이었다고 저자들은 설명합니다.

이 책에 등장하는 ‘사람 자기가축화 가설’은 자연선택이 다정하게 행동하는 개체들에게 우호적으로 작용하여 서로 협력하고 의사소통할 수 있는 능력을 향상시켰을 것이라고 가정하고, 이 가설을 입증하기 위해 다양한 과학적 근거를 제시합니다.

먼저 인간의 눈과 동물의 눈을 머릿속으로 떠올려 봅시다. 인간의 눈은 하얀 공막이 잘 드러나는 한편, 동물의 눈은 색소가 공막을 짙게 만들어 어디를 보고 있는지 쉽게 알 수 없습니다. 하얀 공막을 가진 사람끼리는 눈맞춤 하며 타인의 감정을 읽기 쉽습니다. 이렇게 하얀 공막을 가진 눈은 사람들 사이의 협력적 의사소통과 친화력이 선택된 결과라 할 수 있습니다.

물론 우리는 다른 집단을 비인간화하여 서로를 혐오하고 공격해 온 역사가 있다는 것도 잘 알고 있습니다. 이에 대해 저자들은 자신이 속한 집단을 향한 사랑과 그 정체성이 타인에 대해서는 두려움과 공격성을 높이는 방향으로 작동한다고 설명합니다. 책은 역사적, 정치적 문제를 엮어 이를 설명하고, 우리가 살아가는 도시 공간에 대한 방향성을 제시합니다.

이 책의 내용 대부분은 실험과 통계 수치로 전개되는데, 그렇다고 마냥 딱딱하게 느껴지지는 않습니다. 아마도 전달하고자 하는 핵심 메시지가 다정하고 따뜻하기 때문일 것입니다. 이 메시지는 혐오와 차별이 만연한 우리 사회에 시사하는 바가 큽니다. 신뢰와 협력으로 어려운 시대를 함께 헤쳐나가 상생하고 공존하는 시대를 기대해 봅니다.

"우리의 삶은 얼마나 많은 적을 정복했느냐가 아니라 얼마나 많은 친구를 만들었느냐로 평가해야 함을. 그것이 우리 종이 살아남을 수 있었던 숨은 비결이다." _《다정한 것이 살아남는다》 중에서

생기부 후속 활동으로 확장하기

- '자기 가축화 가설'의 과학적 근거를 책의 내용을 중심으로 정리하고, 다른 자료를 통해 보충해 보자.
- 역사 속에 대화, 교류, 접촉 등 평화적인 방법으로 분쟁을 해결한 사례가 있는지 찾아보고 보고서를 작성해 보자.
- 내가 살고 있는 지역이 저자들이 제시하는 '교류와 접촉의 도시' 형태를 하고 있는지 분석해 보자.

♣ 관련 학과

인문학부, 생명공학과, 사회학과

♣ 같이 읽으면 좋은 책

《생명이 있는 것은 다 아름답다》(최재천 | 효형출판 | 2022)

《총 균 쇠》(재레드 다이아몬드 | 김영사 | 2023)

BOOK 50

《슈퍼 개인의 탄생》

이승환 | 어웨이크북스 | 2023

미래 사회에 살아남을 창조적 개인의 발견

생성형 AI와 챗GPT가 화두인 요즘, 이 책은 변화하는 세계에서 개인이 무엇을 준비하고 어떻게 발맞춰 나가야 할지에 대해 이야기합니다. 생성형 AI는 무엇이고, 나의 삶에 어떤 변화를 가져올 것인지, 그리고 나는 무엇을 할 수 있는지, 무엇을 해야 하는지를 담고 있습니다.

저자는 생성형 AI는 개인에게 큰 위협이 될 수도 있지만 반대로 무한한 생성의 힘을 주는 원천이 될 수 있으며, 이를 잘 활용하는 사람은 개인의 한계를 넘는 슈퍼 개인이 될 것이라고 말합니다. 하지만 '혁명적인 변화는 개인에게 기회보다 두려움으로 먼저 다가온다'는 말처럼 이를 잘 준비하는 자만이 그 두려움을 극복할 수 있을 것입니다.

인공지능은 사람이 쓴 글, 목소리, 이미지를 인식하고, 스스로 문제를 분석하여 질문에 최적화된 답을 찾고, 인간의 언어로 우리와 자연스럽게 대화하고, 마침내 인간 평균보다 뛰어나다고 평가받는 수준에 이르렀습니다. 각 분야에서 이루어낸 인공지능의 성과가 융합하며 우리에게 완전히 새로운 경험을 주기 시작한 것입니다. 심지어 이 변화를 가속하는 요인들이 하루가 다르게 등장하고 있습니다.

무엇보다 생성형 인공지능이라는 지능화된 도구로 양과 질 측면에서 기존의 한계를 넘어서는 다양한 데이터 생성이 가능해졌습니다. 즉, 인간의 창의성과 상상력을 생성형 인공지능에 프롬프트로 입력하면 과거와 비교도 할 수 없이 빠른 속도로 다양한 형태의 고품질 데이터를 대량으로 생성할 수 있게 된 것입니다.

이 생성형 AI의 가치를 먼저 알아챈 사람들은 이미 도구를 사용하기 시작했습니다. 텍스트, 이미지, 영상, 코드, 음성, 3D를 만드는 생성형 인공지능 도구가 이미 존재하며 지금도 계속 만들어지고 있습니다. 현재 진행형의 이러한 변화는 더 이상 남의 일이 아닌 나의 일이 되었습니다.

챗 GPT를 개발한 오픈 AI와 펜실베이니아 대학교 연구팀에 따르면, 과학 및 비판적 사고 능력에 크게 의존하는 직무는 인공지능 기술 및 그로 인한 자동화와 상관관계가 적지만, 이에 비해 프로그래밍이나 자문 업무는 높은 상관관계를 보인다고 합니다. 이는 곧 내가 하는 일의 가치가 변한다는 뜻으로, 직종과 업무에 따라 이러한 기술 발전이 기회가 될 수도, 위협이 될 수도 있다는 의미이기도 합니다. 기존에 없던 새로운 직업이 부상할 수도 있으며, 그렇기에 기회를 찾기 위한 새로운 역량이 필요한 때라고 할 수 있습니다.

물론 반대의 시각도 있습니다. 세계적인 언어학자 노엄 촘스키는 챗GPT와 같은 생성 언어 모델 기반의 인공지능에 대해 부정적인 의견을 냈습니다. 촘스키는 챗GPT와 같은 챗봇은 코드를 작성하거나 여행을 계획하는 데는 유용할 수 있지만, 독창적이고 심층적이며 잠재적으로 논쟁의 여지가 있는 토론은 결코 할 수 없을 것이라며, 인간 지능과 동등하거나 능가할 수 있는 AI는 아직 멀었다고 말합니다.

챗GPT와 생성형 AI는 어느새 우리 삶에 깊이 침투하고 있습니다. 이에 대해 제대로 알고 대비하는 것은 변화하는 미래 사회에 대응하기 위한 필수 과정입니다. 이 책을 읽으며 어떻게 효과적으로 이를 나의 무기로 만들 것인지 고민해 보면 좋겠습니다.

생기부 후속 활동으로 확장하기

- 생성형 AI가 우리 사회에 어떤 변화를 가져올 것인지 조사해 보자.

- 챗GPT를 통해 글쓰기를 해보고 자신의 머릿속 생각을 챗GPT가 얼마나 잘 표현했는지 확인해 본 후, 장단점을 분석해 보자.

- 앞으로 AI 시대에 인간에게 필요한 역량은 무엇이며, 무엇이 대체되고 무엇이 살아남을 것인지 추측해 보자.

♣ 관련 학과

인문학부, 사회학부, 공학계열

♣ 같이 읽으면 좋은 책

《새로운 인류 알파세대》(노가영 | 매일경제신문사 | 2023)

《챗GPT와 함께》(김효정 | 뉴런북스 | 2023)

부록

1 인문사회 계열 보고서는 이렇게 써보세요

2 인문사회 독서로 챙기는 생기부 사례

3 인문사회 계열 탐구에 참고할 만한 사이트

4 고교학점제 지역별 공동교육과정 및 고교-대학 연계 프로그램

MUST-READ FOR
LIBERAL ARTS UNIVERSITY

부록 1

인문사회 계열 보고서는 이렇게 써보세요

보통 학교에서는 교과목별 수행평가를 통해 또는 자율적 교육과정 주간을 마련하여 학생들의 탐구 역량이 드러날 수 있도록 돕습니다. 학생들은 다양한 매체, 즉 영상이나 그림, 인포그래픽 등을 통해 탐구 결과를 도출하기도 하지만, 무엇보다 보고서를 작성하여 제출하는 경우가 가장 많습니다.

이때 선생님이 보고서의 틀을 제공해 주는 경우도 있지만, 정해진 형식을 제공하기보다 각자의 주제나 탐구 방법에 따라 학생들의 자율에 맡기기도 합니다. 그런 경우 한번도 보고서를 작성해 보지 않은 학생들은 보고서 형식을 어떻게 잡아야 하는지부터 막막할 수 있습니다.

Ⅰ. 서론
  1. 탐구의 동기
  2. 탐구의 필요성

Ⅱ. 본론
  1. 이론적 배경(교과목과의 연계)
  2. 탐구 과정 및 내용

Ⅲ. 결론 및 제언
  1. 탐구 결론
  2. 탐구 과정 중에 느끼고 배운 점

Ⅳ. 참고 문헌

위의 틀은 가장 보편적으로 쓸 수 있는 보고서 형식입니다. 서론에 보고서를 작성하게 된 동기가 드러나도록 하고, 본론에 탐구 과정과 내용을 적습니다. 그리고 결론에서는 이 탐구를 통해 느낀 점, 새로 알게 된 사실, 배운 점 등을 작성합니다.

이는 세특 작성에 필요한 '동기-과정-결과' 내용에 부합하는 형식이기도 합니다. 이렇게 작성한다면 세특에 들어가야 하는 중요 요소들이 모두 보고서 안에 들어가기 때문에 결과적으로 자연스러운 흐름을 가진 세특이 될 것입니다. 위 틀의 흐름을 기본으로 자신의 탐구 과제에 맞게 변형하여 작성하시기 바랍니다.

'참고 문헌' 역시 반드시 챙겨야 할 항목입니다. 학생들이 탐구 보고서를 작성할 때 어디서 정보를 얻을까요? 보통 인터넷 검색을 통해 얻습니다. 쉽고 간단하기 때문입니다. 그런데 그 정보를 과연 믿을 수 있을까요? 인터넷 검색만으로 얻은 불확실한 정보로 보고서를 작성하는 경우, 또는 생성형 AI를 통해 얻은 정보를 그대로 작성하는 경우 보고서의 깊이가 얕고, 정보를 신뢰할 수 없어 좋은 평가를 받기 어렵습니다.

그렇기 때문에 학술자료나 전문 자료 사이트 등을 활용하는 것이 좋습니다. 학술자료 탐색을 통해 최신 연구 동향을 파악하고, 전문적인 지식을 활용한다면 훨씬 풍부하고 깊은 수준의 탐구 과정과 결과가 담긴 보고서를 쓸 수 있을 것입니다. 보고서를 쓸 때 학생들이 유용하게 활용할 수 있는 사이트 목록을 [부록 3](인문사회 계열 탐구에 참고할 만한 사이트)에 정리해 두었으니 참고하여 꼭 활용하시길 바랍니다.

부록 2

인문사회 독서로 챙기는 생기부 사례

활용 도서 : 《책 읽는 인간, 호모 부커스》

창체 진로활동 예시	**책을 진로활동에 활용한 경우**
'책 읽는 인간, 호모 부커스(이권우)'를 읽고 자신의 삶을 바꿀 수 있는 책읽기에 관심을 가지고 이를 실천하기 위해 노력함. 특히 교육계열 진학을 희망하는 자신의 진로과 관련하여 책을 읽기 위해 노력함. 이를 위해 학교에서 주관하는 독서 프로그램에 참여하여 교육 관련 책 읽기를 실천함. 특히 '학교의 재발견(더글라스 다우니)'과 '학교 없는 사회(이반 일리치)'를 읽으며 우리 시대 학교의 역할에 관해 주제를 만들어 토론 활동을 진행함. '학교가 사회불평등을 심화시킨다'라는 주장에 반론을 제기하며 학교가 불평등을 완화시킨 사례를 주변에서 찾아 구체적으로 제시함.	

활용 도서 : 《역사가 묻고 지리가 답하다》

교과융합 세특 예시	역사에서 배운 내용을 지리에 적용한 경우

한국사 시간에 임진왜란 중 이순신 장군의 활약상을 배우면서 이순신 장군이 지리적인 특징을 잘 활용하여 전쟁을 승리로 이끌었다는 것을 알게 됨. 이러한 지리적인 특징에는 무엇이 있는지 구체적으로 더 알고 싶어서 '역사가 묻고 지리가 답하다(마경묵 외)'를 읽음. 이 책을 통해 남해의 지리적 특징에 대한 이해가 적절한 군사적 전략과 결합하여 어떠한 효과를 가져왔는지 알게 되었으며, 특히 명량해전이 일어났던 울돌목이 좁고 물살이 매우 빠른 해협이었으며 리아스식 해안의 특징인 조수간만의 차로 시간에 따라 조류의 방향이 바뀐다는 점을 전쟁에 이용했다는 내용을 보고 이순신의 지리적 식견에 감탄함. 이를 통해 지리적 이점을 바탕으로 승리한 해외의 전쟁 사례를 조사해 보고 싶다고 밝힘.

활용 도서 : 《멋진 신세계》

과세특 예시	문학이나 사회 교과 세특에 활용한 경우

'멋진 신세계(올더스 헉슬리)'를 읽고 '1984(조지 오웰)'와 비교하는 한 편의 글을 작성하고 발표함. 두 작품 모두 미래의 디스토피아를 그린 소설이지만, 권력자의 지배 방식이 서로 다르다는 점을 소설 속 구체적인 사례를 들어 설명함. '현재 우리 사회의 모습이 두 작품 중 어디에 가까운가'에 대한 다른 학생의 질문에 '멋진 신세계'의 모습에 가까운 것 같다고 하며 '스마트폰'과 같은 즐거운 자극에 중독되어 사회 현상을 비판적으로 바라보지 못함을 근거로 삼아 설득력있는 답변을 하였다는 점에서 좋은 평가를 받음.

활용 도서 : 《나는, 휴먼》

창체 자율활동 예시	책을 자율활동에 활용한 경우
장애인의 인권에 대해 학습한 뒤, '나는, 휴먼(주디스 휴먼)'을 읽고 장애인과 더불어 사는 사회에 대해 관심을 가지게 됨. 다양한 자료 조사를 바탕으로 장애인 이동권에 대해 토론하며 자신의 생각을 논리적으로 밝힘. 친구들과 휠체어를 타는 장애인이 우리 동네를 산책한다고 했을 때의 어려움에 대해 조사하여 지하철역의 동선이 장애인에게 매우 불편하다는 것을 발견함. 이를 바탕으로 엘리베이터 설치의 타당성에 관한 보고서를 작성함. 이후 조사 자료와 보고서를 근거로 구청 참여 게시판에 엘리베이터 설치를 제안하는 등 실천력이 돋보임.	

활용 도서 : 《거인의 노트》

창체 자율활동 예시	책을 자율활동에 활용한 경우
'거인의 노트(김익한)'를 읽고 난 후 기록의 중요성을 깨닫고 이를 실천할 방법을 고민함. 이 책을 통해 느꼈던 기록의 중요성에 대해서 다시 한번 되새기고, 자신의 삶을 효과적으로 기록하기 위한 방안에 대해 구체적으로 고민한 후 매일 일기쓰기와 스터디 플래너 작성하기라는 목표를 세움. 이를 실천하기 위해 학급에서 함께 할 학생을 모집하여 매일 아침 10분씩 일찍 등교한 후 서로의 계획을 교차 점검하고 발전 방향을 모색하는 시간을 가짐. 이러한 적극성은 급우들에게도 큰 영향력을 발휘하여 학급에서 스터디 플래너를 활용하는 학생들이 많아지는 데 기여함.	

활용 도서 : 《도둑맞은 집중력》

과세특 예시	'언어와 매체' 수업 시간에 활용한 경우
더 나은 학교를 만들기 위한 방안을 진로와 연결지어 매체를 활용해 발표하는 '진로 관련 학교개선 프로젝트 영상 만들기'에 참여하여 '학교 안 올바른 스마트폰 사용법'이라는 제목으로 영상을 제작함. 이를 위해 '도둑맞은 집중력(요한 하리)'을 읽고 알게 된 스마트폰 중독의 원인은 개인의 자제력보다 테크기업들의 전략 때문이라는 내용을 참고하여 영상을 제작함. 스마트폰 중독을 해결하기 위해서는 개인의 노력뿐 아니라 학교 차원에서의 도움이 필요하며 서로 협력하여 감시자와 협력자 역할을 함께한다면 이를 개선할 수 있을 것이라는 내용을 담아 영상을 제작함. 이를 위해 스마트폰의 올바른 사용 예와 그렇지 않은 예를 대조하여 보여줌으로써 내용 전달력을 높였을 뿐 아니라, 뛰어난 영상 교차 기술을 바탕으로 이해하기 쉽게 영상을 제작하여 급우들의 큰 호응을 얻음.	

활용 도서 : 《소설가 구보씨의 일일》

'독서를 통해 탐구하기' 예시	**문학과 역사를 융합한 경우**

심화학습 주제 선정	
교과명	역사
심화 학습 내용	일제 강점기인 1930년대 우리 민족의 삶 중 지식인의 삶의 모습 파악하기
선정한 주제와 선정 이유	1930년대 지식인들의 삶에는 허무주의가 가득했다고 배웠는데, 그들의 구체적인 삶의 모습을 파악해 보고 싶어서 주제를 선정하게 되었다.

활동 내용	
활용한 책	소설가 구보 씨의 일일(박태원)
자료 탐색 과정	'소설가 구보 씨의 일일'을 읽고 작품의 특징을 파악하고 작품 안에 나타난 지식인들의 삶을 파악해 본다.
자료 정리하기	

〈자료를 찾기 전까지 알고 있던 기존의 생각〉

1920년대 문화통치기에서 1930년대 점점 민족말살정책으로 나아가면서 그 안에 살고 있는 지식인의 삶의 모습이 궁금해짐. 일제의 만행이 점점 심해지는 상황에서 자신의 능력을 크게 발휘할 수 없었던 지식인들은 좌절된 삶을 살았을 것이고, 이로 인한 삶의 허무를 느끼고 있을 것이라고 생각함. 또한 일제 강점기에 일본의 압박으로 인해 우리나라는 제대로 된 경제발전을 이루지 못해 낙후된 도시의 모습을 보일 것이라고 생각함.

〈자료를 통해 새롭게 알아보거나 적용해 보고 싶다고 생각한 것〉

1. 일제 강점기 도시의 발달
2. 1930년대 지식인들의 삶의 모습

〈새롭게 알게 된 내용〉

1. 일제 강점기 도시의 발달
1930년대의 경성은 일본 제국주의 식민지 조선의 수도이기도 하지만 또 한편으로는 근대적 도시의 면모를 갖춘 도회지이기도 했다. 물론 도시 규모는 지금과는 다르지만 당시에도 백화점, 영화관, 다방, 전차 등의 근대적 문물들이 갖추어져 있었고 신여성, 자유연애 등 자유주의 사상이 범람하는 자본주의 도시였다.

(중략)

2. 1930년대 지식인들의 삶의 모습
1930년대 모더니즘 문학은 이상, 박태원, 김기림, 이효석 등을 중심으로 한 구인회 동인들이 주축을 이루고 있었다. 구인회는 카프의 경향문학이 쇠퇴하던 1930년대 초에 모더니즘을 기반으로 하는 순수문학을 옹호하는 문학단체였다. 이들은 기법적 실험과 더불어 근대적 풍물들을 적극적으로 작품에 반영하였다. 따라서 이들의 작품에는 백화점과 다방 등이 자주 등장한다. 그중에서도 특히 박태원의 〈소설가 구보 씨의 일일〉은 근대적 문물이 넘치는 경성을 압축적으로 보여줌으로써 1930년대의 근대적 도시 풍경을 조망할 수 있는 대표작이라 할 수 있다.

〈소설가 구보 씨의 일일〉의 주인공인 소설가 구보는 대학노트를 끼고 시내를 배회하면서 창작 소재를 찾는 것이 일과이다. 구보는 경성 시내의 풍물들을 놓치지 않고 하나하나 포착하려 한다. 원고료도 제대로 받지 못하는 변변찮은 소설가인 구보를 나무라는 어머니가 계신 집을 나와서부터 밤이 되어 다시 집으로 돌아가기 전까지, 구보가 경성을 돌아다니며 만나고 겪은 인물과 사건들이 이 소설의 주된 서사를 이루고 있다.

(후략)

〈활동을 통해 느낀 점〉

1930년대 지식인들도 자신의 삶을 살아가기 위해 끊임없이 노력하였다는 것을 알 수 있었다. 이 책의 삽화를 그린 이상이 그 대표적인 예라고 할 수 있는데, 건축가, 삽화가, 작가 등 다방면으로 활약하였다는 것이 인상적이었다.

(중략)

또한 민족주의 글을 쓰기 힘든 상황이 되자 박태원, 이상을 필두로 구인회를 결성하여 모더니즘이라는 새로운 사상을 바탕으로 새로운 시도를 하였다는 점에서, 일제 강점기에 지식인들이 시대의 한계를 느껴 허무주의적 삶이 대부분일 것이라고 생각한 내 생각이 잘못된 것임을 알게 되었다.

(후략)

활용 도서 :《도둑맞은 집중력》

'독서를 통해 탐구하기' 예시	문학과 역사를 융합한 경우

심화학습 주제 선정	
교과명	사회/ 과학
심화 학습 내용	휴대폰이 현대인의 집중력에 미친 영향에 대해 탐구하기
선정한 주제와 선정 이유	휴대폰은 우리 삶을 편리하게 해주기도 하지만 시간을 너무 많이 빼앗아 가기도 한다. 전 세대에 걸쳐 휴대폰에 중독된 모습을 보이는데, 휴대폰을 손에서 놓지 못하는 원인은 무엇인지 알아보고 싶어서 주제를 선정하게 되었다.

활동 내용	
활용한 책	도둑맞은 집중력(요한 하리)
자료 탐색 과정	'도둑맞은 집중력'을 읽고 현대인의 집중력 저하 원인을 찾아본다.
자료 정리하기	
〈자료를 찾기 전까지 알고 있던 기존의 생각〉 현대인의 휴대폰 중독 현상의 원인은 개인적 원인과 사회적 원인으로 나뉠 수 있다. 일단 개인적 원인은 개개인의 의지 부족이 가장 크	

다고 생각한다. 휴대폰이 선사하는 다양한 쾌락적 이유로 인해 휴대폰을 쉽게 통제하지 못하는 것이다. 또한 사회적으로도 모든 활동이 휴대폰 기반으로 점점 바뀌고 있는 것도 큰 역할을 한다고 생각한다. 예를 들면 물건을 하나 사더라도 오프라인으로 사는 것보다 온라인으로 사는 것이 너 싼 경우가 많아 휴대폰을 더 사용하게 된다.

〈자료를 통해 새롭게 알아보거나 적용해 보고 싶다고 생각한 것〉

1. 현대인의 휴대폰 중독 원인에 또 다른 이유가 있을까?
2. 감시 자본주의란 무엇일까?

〈새롭게 알게 된 내용이나 바뀐 생각〉

"우리는 오랫동안 자신의 집중력 약화 원인이 자신의 탓이거나 하나의 기술로서 스마트폰 자체에 있다고 생각했다. 하지만 사실 전 세계에서 가장 똑똑한 사람들이 우리의 주의력을 최대한 많이 빼앗으려는 의도로 우리가 가진 휴대폰과 그 휴대폰에서 실행되는 프로그램을 설계하고 있다.
사실 그들은 현재도 다른 선택을 내릴 수 있다. 즉, 정반대의 목표로 기술들을 설계할 수 있다. 집중력을 유지해야 하는 사람들을 최대한 존중하고, 사람들을 최소한으로 방해하는 것이다. 더 중요하고 유의미한 목표에서 사람들을 떼어놓는 것이 아니라, 그러한 목표 성취를 돕도록 기술을 설계할 수 있다.
기업들은 휴대폰을 더 오래 들여다볼수록 돈을 벌었다. 기업들은 어떻게 하면 사람들의 시간과 주의력을 가능한 한 많이 소비할 수 있을지 고민했고, 인간 심리의 취약한 부분을 이용했다. 무한 스크롤 속에서 시간이 사라지고 있다."

- 〈도둑맞은 집중력〉 중 발췌

1. 그동안 개인의 의지 문제라고 생각했던 휴대폰 중독의 원인에는 다양한 기업의 이해관계가 얽혀있다는 사실을 알게 됨. 똑똑한 사람들이 우리의 시간을 더욱 많이 빼앗기 위해 설계한 프로그램의 유혹을 과연 개인의 의지만으로 극복할 수 있을 것인가에 큰 의문이 생김. 결국 더 나은 삶을 위해서 사회적 합의를 통한 개선 방안이 필요하다는 생각을 함.
2. 프랑스 학교에서 휴대전화 사용 금지 법안이 통과된 사례에 주목함. 사회적 합의가 이루어진다면 휴대폰이 빼앗아 간 시간을 찾아올 수 있다는 생각을 하게 됨.

〈확장하기〉

1. 이 책을 읽으며 '우리 학교 학생들의 휴대폰 사용 실태'에 대해 조사해 봐야겠다고 생각함.
2. 그 결과를 바탕으로 더 나은 휴대폰 사용을 위한 토론회를 열어 실천 방안을 모색해 봐야겠다고 생각함.
3. 테크 기업에 대해 조사하고, 그 기업에게 휴대폰 사용을 효과적으로 통제할 수 있는 방안에 대해 제언할 수 있는 내용을 구상해 봐야겠다고 생각함.

인문사회 계열 탐구에 참고할 만한 사이트

1. 학술자료 탐색 사이트

1) DBpia(디비피아) www.dbpia.co.kr 학교 계정이 있는 학교들은 학생들이 활용할 수 있도록 아이디와 비밀번호를 안내하기도 합니다. 이를 알아두었다가 보고서를 작성할 때 활용해 보세요. 
2) RISS학술연구정보서비스 www.riss.kr 최신 연구 주제 트렌드와 동향을 파악하기 좋아요. 

2. 자료 탐색에 도움이 될 만한 사이트

1) 국사편찬위원회 한국사데이터베이스 https://db.history.go.kr 한국사의 주요 사료를 열람할 수 있어요.	
2) 동북아역사자료센터 https://hflib.kr 동북아역사재단의 좋은 자료들을 찾아볼 수 있어요.	
3) 한국은행 경제교육 https://www.bok.or.kr 조사 연구, 경제 통계, 경제 칼럼 등을 활용해 보세요.	
4) KDI 경제정보센터 https://eiec.kdi.re.kr '빅데이터 분석', '여론 분석'을 보고서 주제 탐색 시에 참고하고 분석 내용을 근거자료로 활용해 보세요.	
5) 한국경제신문 생글생글 https://sgsg.hankyung.com 기사 마지막에 'NIE 포인트', '기억해 주세요' 등을 제공하고 있어 탐구하고 토론하는 데 활용하기 좋아요.	
6) 뉴닉 https://newneek.co 뉴스 큐레이션 플랫폼. 최신 이슈와 정보를 쉽게 파악할 수 있어요.	

7) KOSIS국가통계포털

https://kosis.kr/index/index.do

통계 자료를 활용해야 할 때는 국가통계포털에서 검색해 보세요.

8) SGIS통계지리정보서비스

https://sgis.kostat.go.kr

통계와 지리를 융합한 서비스로, 우리 사회를 이해하는 데 도움이 되는 방대한 자료들을 제공하고 있어요.

9) 지속가능발전포털

www.ncsd.go.kr

지속가능발전에 관한 정보들은 모두 여기에!

고교학점제 지역별 공동교육과정 및 고교-대학 연계 프로그램

1. 지역별 공동교육과정

서울 학교 간 협력 교육과정(콜라캠퍼스)	
경기도 경기 고교학점제-공동교육과정	
대구 대구 공동교육과정	
인천 꿈두레 공동교육과정	

광주 광주광역시교육청 고교학점제 지원센터 학교 간 공동교육과정	
대전 너누나무 공동교육과정	
울산 울산 배나무 공동교육과정	
세종 캠퍼스형 공동교육과정	
강원도 꿈 더하기 공동교육과정	
충청북도 충북 고교학점제 공동교육과정	
충청남도 참학력 공동교육과정	
전라북도 전북특별자치도교육청 공동교육과정	
전라남도 전라남도교육청 고교학점제 지원센터 공동교육과정	

경상북도
스마트 교육과정(공동교육과정)

경상남도
경남참 공동교육과정

부산
부산광역시교육청 고교학점제 지원센터 공동교육과정

제주
제주 고교학점제 온라인지원센터 공동교육과정

2. 고교-대학 연계 프로그램

* 각 학교 공문 참조

서울
고교-대학 연계 인재육성프로그램

경기도
학교 밖 학습 경험 학점화

대구
학교 밖 교육 연계 꿈창작 캠퍼스

인천
지역 연계 꿈이음 대학

광주 꿈꾸는 공작소	* 각 학교 공문 참조
대전 고교-대학 연계 원클래스	
울산 사다리교육과정	
세종 고교-대학 연계 공동교육과정	
강원도 꿈더하기 대학연계 공동교육과정	
충청북도 지역연합형 공동교육과정 충청북도 진로교육원(대학 연계 진로체험, 마을 연계 진로체험)	
충청남도 꿈키움 프로그램	
전라북도 대학 연계 공동교육과정, 일반고-대학 연계 특강	
전라남도 꿈키움 캠퍼스	

경상북도 지역 사회와 연계한 특화 교육과정, 대학 연계 수업	
경상남도 경남참 공동교육과정	
부산 다(多)고른 캠퍼스 고교 서머 · 윈터 스쿨	 
제주 고교-대학 연계 프로그램	

생기부 인문사회 필독서 50

초판 1쇄 발행 2024년 4월 15일

지은이 주경아, 정재화
펴낸이 정덕식, 김재현
펴낸곳 (주)센시오

출판등록 2009년 10월 14일 제300-2009-126호
주소 서울특별시 마포구 성암로 189, 1701-1호
전화 02-734-0981
팩스 02-333-0081
전자우편 sensio@sensiobook.com

책임 편집 최문주
디자인 STUDIO BEAR
경영지원 임효순

ISBN 979-11-6657-151-0 13370